カイタイ新書

Kaitai Shinsho

何度も「買いたい」
仕組みのつくり方

博報堂
ヒット習慣メーカーズ　著
中川　悠　編著

はじめに

マーケティングの誤解

「マーケティングの理想は、セールスを不要にすることである」

　経営学者のピーター・ドラッカー氏は、著書『マネジメント』[1]の中でそう語っています。営業がセールストークをしなくても、商品が自然と売れてしまう状態をつくるための方法論がマーケティングというものです。売上を上げるために寝る間を惜しんで働くのではなく、働かなくてもちゃんと持続的に売上が上がり続ける「仕組み」づくりがマーケティングなのです。

　でも、いつの間にか、マーケティングは、短期的な売上を追い求める活動になってしまいました。もちろん短期的な売上は必要なことです。しかし、売上が上がり続ける「仕組み」のない状態で、単発的な仕掛けを打ったとしても、それが終わると売上は下がっていきます。そして、また次の単発的な仕掛けを行う。その繰り返しでは、いつまでたっても仕事は楽になりません。

　つまり、マーケティングとは、単発的に売れる「仕掛け」ではなく、持続的に売れ続ける「仕組み」をつくることであり、「売るための努力をしない努力」なのです。だから、マーケティングがうまくいけば、究極的には働かなくて済むはずです。

002

一度だけ「買いたい」に
意味がなくなってしまった

　なぜ、マーケティングは誤解されているのでしょうか？
　かつては、人口が右肩上がりの成長社会だったので、商品を出せばある程度売れた時代でした。だから、生活者に商品を知ってもらい、一度だけ「買いたい」と思ってもらえば、それでビジネスが成り立ったのです。しかし、人口が右肩下がりの成熟社会に突入し、一度だけ「買いたい」と思わせることに、あまり意味がなくなってしまいました。だから、広告やクーポンで一度だけ使ってもらったとしても、そのあと続かないケースが増えたのです。

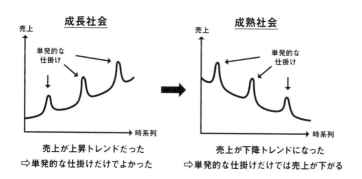

何度も「買いたい」仕組みをつくる

「何度も買いたいと思うループって、つくれませんか？」

ある企業の社長に言われた一言です。

今のマーケティング理論は、一度だけ「買いたい」と思うことに力点がおかれていて、何度も「買いたい」と思うことがやや後回しになっています。私たちも広告会社で仕事をしていると、新発売の商品のトライアル利用を狙った案件が多い印象があります。最近では何度も買ってもらうために、データを駆使して、顧客の状況に応じて、メールを送ったり、適したデジタル広告を配信したりします。それも顧客との継続的な関係づくりには必要なことですが、売れ続ける「仕組み」をつくるという本質的な解決には至っていません。

そんな問題意識を感じた社内のメンバーが集まり、「ヒット習慣メーカーズ」というプロジェクトが立ち上がりました。ミッションは、生活者が何度も「買いたい」と思う「仕組み」をつくること。これからの成熟社会において確実に必要になってくる、その「仕組み」を、大小問わずどんな企業でもつくれるようにすることを目指しています。活動から約2年が経ち、現場での業務やさまざまな企業事例を分析することで知見を蓄積してきました。活動を通じて見えてきたことを売上向上に悩むすべての人たちに提供しようと思ったのが、本書を手掛けた大きな理由です。

「習慣化」こそ、これからのマーケティング

　マーケティングは今、時代の転換期を迎えています。

　その中で本書は、一度だけ「買いたい」仕掛けではなく、何度も「買いたい」仕組みをつくる方法論をまとめたものです。何度も「買いたい」を分析していくうちに私たちがたどり着いたのは、生活者の「習慣化」です。今、本屋に行くと「習慣本」であふれています。生活者は、商品ではなく習慣を欲しています。だから、企業は、「新しい商品ではなく新しい習慣をつくる」という考えをもったほうがいいのです。新しい習慣は今までも生み出されてきましたが、不思議なことにその方法論については、ほとんど議論されませんでした。そこで本書では、「習慣化」こそ、これからの時代における最強のマーケティングであるという想いと、そのつくり方をなるべくわかりやすく実践的にまとめました。大きな流れは以下の通りです。

・社会環境の変化について
・習慣化とはどんなものか
・習慣化のつくり方の解説
・ワークショップ手法の紹介

　上記を一通り読めば、誰でも商品の「習慣化」に取り組むことができるような構成になっています。ぜひ読みながら、普段の仕事の中で試してみてください。

CONTENTS

はじめに ……………………………………………………………………… 002

CHAPTER **1** Introduction

単発的なマーケティングから、 「持続的なマーケティング」の時代へ

「持続的なマーケティング」の時代
一度だけではなく「何度も買いたい」をつくる ………… 018

社会環境①：人口減少社会
人口減少社会とどう向き合うか？ ……………………………… 020

社会環境②：人生100年時代
企業が捉えるべき、長生き社会のチャンス ……………… 022

社会環境③：デジタル化
あらゆる生活行動がデータ化される ……………………… 024

社会環境④：選べない生活者
情報過多で生活者の買い物ストレスが増している ⋯⋯ 026

持続的なマーケティングとは？①
新規獲得より、「継続利用」に注力する ……………………… 028

持続的なマーケティングとは？②
単発の「仕掛け」より、売れ続ける「仕組み」をつくる

…………………………………………………………………………………… 030

持続的なマーケティングとは？③
イメージより、「行動」を変える ……………………………… 032

006

持続的なマーケティングの本質
持続的なマーケティングとは「習慣化」である ……… 034

「ヒット習慣」をつくる狙い
生み出したい3つの「変革」 ……………………………… 038

CHAPTER 2 Method

「習慣化」とは？

「習慣化」とは何か？
何を工夫することが「習慣化」につながるのか？ ……… 042

行動の40％以上は習慣である①
人間はできることなら考えたくない ………………… 044

行動の40％以上は習慣である②
1つの習慣を複数の商品やサービスが支えている …… 046

企業に「習慣化」はできるのか？①
企業が手掛けた「習慣化」の事例 ……………………… 048

企業に「習慣化」はできるのか？②
高頻度利用の商品は「習慣化」しやすい …………… 050

「習慣化」の企業メリット①
継続購入の2つの手段 ………………………………… 052

「習慣化」の企業メリット②
間接流通の企業も継続購入を促せる ………………… 054

習慣の4分類
自社の商品やサービスはどの習慣を狙うか？ ………… 056

習慣の4分類－「成長」の習慣－
成長を実感してもらうことでつくられる習慣………… 058

007

習慣の4分類−「不満解消」の習慣−
商品機能により不満を解消することでつくられる習慣
.... 060

習慣の4分類−「快楽」の習慣−
根源的な欲求を満たすことでつくられる習慣 062

習慣の4分類−「不快解消」の習慣−
不快な気分を解消することでつくられる習慣 064

「習慣化」への近道
習慣化への取り組みを失敗しないために 066

「習慣化」のフレームワーク
「習慣化」を実現させるための3ステップ 068

CHAPTER **3** Prediction

習慣を予測する

Prediction からはじめる①
「兆し習慣」をあぶり出し「習慣インサイト」を探る 074

Prediction からはじめる②
Prediction を行う本質的な意味 076

習慣トレンドとは？①
習慣トレンドの変化と習慣の栄枯盛衰 078

習慣トレンドとは？②
ブームとトレンドの違い 080

習慣トレンドとは？③
時代遅れリスクを避ける 082

習慣トレンドとは？④
習慣トレンドが変わる4つの起点 084

008

「兆し習慣」をあぶり出す①
新しい習慣をつくるための第一歩 088

「兆し習慣」をあぶり出す②
「兆し習慣」をあぶり出すのに使えるツール 090

「兆し習慣」をあぶり出す③
3つの視点で情報を集める 092

「兆し習慣」をあぶり出す④
テーマを決めて、継続して情報を集める 094

「衰退習慣」からスイッチ
衰退習慣から兆し習慣にスイッチする 096

「習慣インサイト」を探る①
兆し習慣の「解像度」を高める 098

「習慣インサイト」を探る②
兆し習慣を「実践する人」を観察する 100

「習慣インサイト」を探る③
兆し習慣を実践する「N=1」を観察するツール 102

「習慣インサイト」を探る④
兆し習慣をグルーピングし「習慣インサイト」を見立てる
.... 104

ターゲットを決める
リアリティのあるターゲットを設定する 106

CHAPTER 4 Addiction 1

習慣を設計する

Addictionをつくる
「つい無意識にやってしまう習慣」を設計する 110

009

習慣化コンセプト①
「A（現状）からB（理想）へ」を考える ···················· 112

習慣化コンセプト②
強い習慣化コンセプトをつくる方法 ···················· 114

習慣化ループ
「習慣化ループ」の4要素を理解する ···················· 116

習慣化ループ〜きっかけ〜①
習慣を「最初にはじめるきっかけ」をつくる ·············· 118

習慣化ループ〜きっかけ〜②
習慣を「毎回続けるきっかけ」をつくる ···················· 120

習慣化ループ〜ルーチン〜
「どんな行動をしてほしいか」を考える ···················· 122

習慣化ループ〜報酬〜①
「なぜその習慣をやっているのか？」を考える ·········· 124

習慣化ループ〜報酬〜②
4種類の報酬を参考に考える ···························· 126

習慣化ループ〜触媒〜
ついついやってしまう中毒性を組み込む ···················· 128

「習慣化ループ」で意識すること
クリステンセン教授の『ジョブ理論』 ···················· 130

習慣化4Pアクション
習慣を世に広めるアクションを考える ···················· 132

「デコン」のすすめ
「習慣設計力」を磨くトレーニング ···················· 134

CHAPTER **5** Addiction 2

「触媒」の魔力

人間は潜在意識で動いている
なぜ頭で理解しても買いたくならないのか？ ………… 138

ヒミツは脳の仕組み①
人間は動物脳に支配されている ………………………… 140

ヒミツは脳の仕組み②
意識を繰り返すと無意識になる ………………………… 142

触媒とは「ついついスイッチ」
ついついやってしまう触媒の魔力 ……………………… 144

触媒をどう組み込むか？①
触媒を具現化するための演出方法の例 ………………… 146

触媒をどう組み込むか？②
広告では「シズル表現」で触媒を組み込んできた …… 148

触媒は五感で感じる①
五感は人間脳を介して動物脳を刺激する ………………… 150

触媒は五感で感じる②
「クロスモーダル」という考え方 ……………………… 152

触媒を組み込む5つの法則
触媒を「意図的」に組み込むためのテクニック ………… 154

触媒の法則①『ミント型』
歯磨き粉のミントのような強い刺激をつくる ………… 158

触媒の法則②『コンフォート型』
シャンプーの泡のような心地よさを演出する ………… 160

触媒の法則③『セレモニー型』
加熱式電子タバコのように儀式を体験に組み込む ….. 162

011

触媒の法則④『ダム型』
家計簿アプリのように蓄積する楽しさを提供する ···· 164

触媒の法則⑤『アナログ化型』
電子決済のようにデジタル体験をアナログ化する ···· 166

「触媒」が経営を左右する!?
経営において、一見無駄なものの価値が増す ·············· 168

CHAPTER 6 Conversation

習慣を広げる

Conversation をつくる
習慣を広げるときに Conversation が大事な理由 ········ 172

習慣を広げる2つのステップ
局所的に攻める（1→10）とマスへ広げる（10→100）
··· 174

「1→10」が大切な理由
習慣を広げるのはカンタンじゃない ····························· 176

1→10 | 体験をリッチにする
強い体験が Conversation を生む ································· 178

1→10 | 味方を見つける
Conversation を生んでくれる味方を見つける ············ 180

1→10 | 局地的ブームをつくる
あえて場所を限定することで Conversation を生む ··· 182

1→10 | 売り場を変えてみる
違和感のある売り場が Conversation を生む ··············· 184

1→10 | 習慣に名前をつける
口の端に上る言葉が Conversation を生む ···················· 186

1→10 ｜ 生活者を巻き込む
生活者と一緒に習慣をつくり Conversation を生む ···· 188

1→10 ｜ ロゴマークをつくる
習慣のロゴマークが Conversation を生む ····················· 190

10→100 ｜ 議論を生む
議論が Conversation を生む ······································· 192

10→100 ｜ データをつくる
発見のあるデータが Conversation を生む ····················· 194

10→100 ｜ フィールドを広げる
複数のフィールドにまたがって愛される習慣に ········ 196

10→100 ｜ 表彰する
名誉が Conversation を生む ·· 198

10→100 ｜ 社会記号化
習慣の追い風になる言葉が Conversation を生む ········ 200

10→100 ｜ 他企業の賛同
多くの企業の賛同の輪が Conversation を生む ············ 202

CHAPTER **7** Training

実践PACワークショップ

ワークショップを実施する
ワークショップで新しい習慣をつくってみる ············· 206

ワークショップの流れ
習慣化のフローを適用する ······································ 208

ワークショップのルール
否定をせずに高め合う ·· 210

ワークショップの前準備 -Week 0-
雰囲気をつくる
212

兆し習慣を探す① -Week 1-
3つの領域で兆し習慣を絞り出す
214

兆し習慣を探す② -Week 2-
習慣インサイトごとにグルーピングする
216

ターゲットを規定する -Week 3-
兆し習慣から狙い所を定める
218

習慣化コンセプトをつくる① -Week 4-
習慣化コンセプトシートで量産する
220

習慣化コンセプトをつくる② -Week 5-
質問し合って、習慣化コンセプトをよりよくする
222

投票で習慣化コンセプトを絞る -Week 6-
3つの軸で投票して習慣化コンセプトを絞り込む
224

習慣化コンセプトを具現化する① -Week 7-
習慣化コンセプトを習慣化ループに落とし込む
226

習慣化コンセプトを具現化する② -Week 8-
中毒性を組み込む
228

商品に落とし込む -Week 9〜10-
素材、商品名、パッケージなどに落とし込む
230

拡散方法を考える -Week 11-
世の中に広まっていくイメージをつくる
232

調査で検証する -Week 12-
工夫して調査を行う
234

Appendix

巻末資料

ヒット習慣メーカーズとは？
新しい習慣をつくるための、具体的な2つの活動 ……238

おわりに ……………………………………………………… 240

引用・参考文献 ……………………………………………… 242

索引 …………………………………………………………… 244

私は5年間急成長する企業には驚きませんが、

20年、30年にわたって

継続的に優れた成果を出している企業には

非常に興味があります。

要は、永続性のメカニズムが

埋め込まれているかどうか、なのです。

ビル・ゲイツ（実業家）

CHAPTER

1

Introduction

単発的なマーケティングから、
「持続的なマーケティング」の時代へ

Introduction
持続的な
マーケティング

「持続的なマーケティング」
の時代

一度だけではなく「何度も買いたい」をつくる

　私たちは広告会社で仕事をする中で、単発的な売上向上ではなく、「持続的に売れ続ける状態をつくる」ことへのニーズが高まっているのを体感しています。話題になる「広告」を制作して、「一度だけ買いたい」と感じさせる仕事もたくさんありますが、それだけでなく持続的に「何度も買いたい」と思ってもらうべく、広告を越えて<u>「商品」や「サービス」、「売り場」や「売り方」などあらゆる手段を総動員して解決する</u>仕事も増えてきているのです。

　私たちは、「一度だけ買いたい」をつくるマーケティングを「単発的なマーケティング」と呼び、生活者の「何度も買いたい」をつくり、売上を生み出し続けるマーケティングを「持続的なマーケティング」と呼んでいます。企業の人たちと話す中で、<u>今が「持続的なマーケティング」が求められる時代の転換期</u>だと痛感しています。

　大手コンサルティング会社マッキンゼー・アンド・カンパニーの2017年の「MEASURING THE ECONOMIC IMPACT OF SHORT-TERMISM」というレポート[3]によると、米国に上場している大企業と中堅企業615社の2001年から2014年の財務データを比較した際、先を見据えて企業の戦略を考えている長期志向の会社のほうが、短期志向の会社よりも、累積売上が47%、累積利益が36%高いという結果が出ています。さらに、

長期志向の会社のほうが、従業員が増えていて、雇用を生み出す効果も確認されています。単発的なマーケティングではなく、持続的なマーケティングを行う企業のほうが、成長の観点では優れているのです。

自社の商品やサービスが一度売れても、長く続かなかった経験がある人もいるはずです。また、自身の生活を振り返ってみても、一度買ってみたけれど、結局使い続けていないものはかなり多いはずです。「何度も買いたい」をつくる「持続的なマーケティング」を実践することは非常に難しく、だからこそ取り組みがいがあるテーマだと私たちは考えます。

本章では、持続的なマーケティングを取り巻く社会環境の変化や、持続的なマーケティングの中身について見ていきます。

マーケティングの転換期

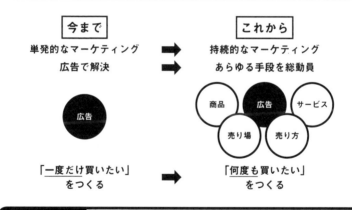

POINT 「あらゆる手段」を総動員して、持続的なマーケティングを実現する。

Introduction 持続的な マーケティング	# 社会環境①：人口減少社会 人口減少社会とどう向き合うか？

　将来を予測するのは難しいですが、すでに明らかになっているのは、この先日本の人口が少しずつ減少していくということです。

　国連の経済社会局人口部が2019年に発表した『世界人口推計』[4]によると、日本の人口は2019年現在1億2,686万人で、2030年には1億2,076万人に、2050年には1億580万人まで減少します。さらに、2100年には7,496万人になることが予測されています。今、あなたが100人の村で商売をしていると仮定すると、10年後には約95人、30年後には約83人、80年後には60人以下の村で商売をしていかなくてはならない状況なのです。

　日本企業は、人口減少を悲観的に捉えており、帝国データバンクが2017年に全国の1万社以上に調査した『人口減少に対する企業の意識調査』[5]によると、約90％が人口減少を日本社会のマイナスと捉え、約75％が人口減少を経営課題と認識しています。

　日本が人口減少ならグローバル展開を、となるかもしれません。地球全体で見ればまだしばらく人口は増えますが、今後人口減少の局面に入る国が多くなります。上記の世界人口推計によると、ドイツ、イタリア、スペインなどのヨーロッパ諸国で人口が減ることが予測されています。さらに、今、さまざまな企業が進出している中国でも、人口が減っていきます。

人口が減る中で売上を伸ばすために、「1人あたりの支出を増やす」ことの重要性が今後高まっていくでしょう。企業としては、持続的なマーケティングにより、1人ひとりにきちんと向き合って、価値を提供し続けることで、継続的な支出を促すことが求められるようになるのです。そして、「1人あたりの支出を増やす」という考え方は、将来のグローバル展開の際にも、有効になります。

　今の日本には、1人あたりの支出を増やすためのマーケティングを行う環境が整っていると私たちは考えます。以降の節では、今の日本におけるビジネスチャンスについて、見ていきます。

世界の人口変化

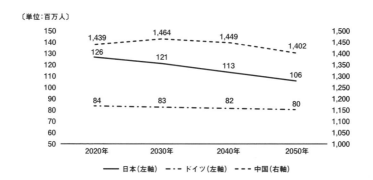

参考／『世界人口推計2019年版』（国連経済社会局人口部）

POINT　「1人あたりの支出」を増やす工夫をする。

Introduction 持続的な マーケティング	# 社会環境②：人生100年時代
	### 企業が捉えるべき、長生き社会のチャンス

これからの日本に、今後確実にくる潮流がもう1つあります。それは、1人あたりの寿命が延びていくということです。

厚生労働省が2018年に発表したデータによると、日本の平均寿命は男性81歳、女性87歳。ただし、これは今生きている人の平均であり、これからの時代はもっと長生きするようになります。イギリスのロンドンビジネススクールのリンダ・グラットン教授によると、日本人の場合、2007年に生まれた人は50%の確率で107歳まで生きるそうです[6]。人生100年時代の到来です。

経営学の世界では、「LTV（＝ Life Time Value）」という考え方があります。LTVとは、1人の顧客が生涯でどれくらい売上／利益を企業にもたらすか？を表す指標です。人生100年時代は、1人の人に愛されてリピートされれば、その恩恵を受ける期間が長くなり、どんどんLTVが高まります。また、愛されることで購入点数や購入頻度が上がると、さらにLTVは高まっていきます。

日本企業も、人生100年時代に顧客のLTVを高めることに注力するようになっています。日本の大手飲料メーカーでは、LTVを新経営指標の1つに据えて、商品売り切りではなく定期購買のビジネスを立ち上げる例も出てきています。

もう1つ、海外の事例を紹介します。ある投資銀行の試算によると、米国の大手EC企業が提供する宅配や動画配信などさまざまな特典がセットになった有料会員サービスのLTVが約14兆円にのぼります。年会費は1万円ですが、数十年にわたって会員になり続けると想定されており、LTVにすると1人あたり約30万円に。会員数の4,900万人をかけると約14兆円になります。長く使われると、生涯で見たときにかなりの金額になることがわかります。

人生100年時代に、持続的なマーケティングで、1人あたりのLTVを高めることに、大きなビジネスチャンスがあるのです。

LTV（＝ Life Time Value）

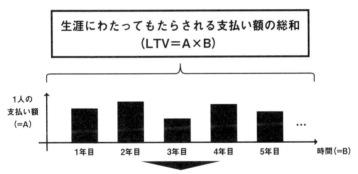

POINT　1人あたりの「LTV」を高める。

社会環境③：デジタル化

Introduction
持続的な
マーケティング

あらゆる生活行動がデータ化される

　先ほどの人生100年時代に加えて、これからの社会には、まだチャンスがあります。それは、デジタル化が進み、顧客の生活行動のデータが取得できるようになることです。

　1日の生活を思い返してみてください。クレジットカードやモバイル決済によるお金の使用状況、ネット通販による商品の購買状況、タクシー配車アプリによる移動情報など、さまざまな生活行動がデータ化されるようになっています。

　日本よりもデジタル化が進む中国の実態を紹介した書籍『アフターデジタル』[7]で、デジタル化の本質は、デジタルを「付加価値」として活用するのではなく、「リアルとデジタルの主従関係が逆転した世界」と説明されています。どういうことでしょうか？

　これまでの「ビフォアデジタル」社会は、リアル（店や人）でいつも会っている顧客が、たまにデジタルにも来てくれるというものでした。しかし、これからの「アフターデジタル」社会は、デジタルで絶えず接点があり、たまにリアルにも来てくれるというものにシフトしていくという考えです。しかも、そのような状況が、すでに中国でどんどん進んでいるのです。

　例えば、中国のある保険会社は、顧客との接点が少ないことが課題でした。保険はいったん購入したら、その後はほとんどユーザーと接触す

る機会はありません。そこで、直接保険とはひもづかない医師検索アプリ、自動車情報メディア、住宅検索アプリなどの生活サービスをつくり、新たな顧客接点をつくることに成功し、結果的に急成長を遂げました。

このようにデジタル化によって、<u>顧客接点が増え、顧客の生活行動を把握し、次に何を望んでいるか？を予測しやすい環境が整いつつあります</u>。これからのマーケティングは、持続的に「行動」を観察し、先読みしていくようになるでしょう。

アフターデジタル社会

『アフターデジタル』（藤井保文、尾原和啓著、日経BP社）より作成

POINT　顧客接点を増やし、「行動」を先読みする。

Introduction 持続的な マーケティング	# 社会環境④：選べない生活者 情報過多で生活者の買い物ストレスが増している

　持続的なマーケティングを考えるために、生活者の買い物行動にも目を向けてみます。

　買い物行動を考える上で見逃せない変化は、情報量の爆発的な増加です。総務省の『平成29年度版 情報通信白書』[8]によると、周りを飛び交う情報の99.9％が処理できずスルーされています。世界でやりとりされる情報量は年率22％で伸びると予想されており、今後もスルーされる情報はさらに増えていきます。

　情報爆発の中で、生活者は大量の情報に埋もれて調べるだけで面倒になってしまう情報疲労に陥っています。博報堂買物研究所の書籍『なぜ、「それ」が買われるのか？』[9]によると、<u>選ぶのが面倒でお任せしたくなる「選ばない買い物」へと生活者は向かっています</u>。具体的には生鮮食品から自動車まで全27カテゴリーの中で、家電／外食／化粧品など、半数以上の15カテゴリーが、お任せしたい、面倒な買い物に該当することがわかりました。

　大手コンサルティング会社アクセンチュアが2019年に公表した世界35カ国の2万9,530人を対象としたグローバル消費者調査によると、先進国全般で、買い物の無関心化の傾向は高まっています。3〜4割が情報収集をせずに商品やサービスを購入するようになっているのです。

米国では、日々使う商品に専用機器をつけて、残量が少なくなったら自動注文するというサービスが流行っており、日本でも、歯ブラシやペットフード、空気清浄機のフィルターなどで、サービスが開始されています。このように買い物ストレスを味方につけて、新しいビジネスを立ち上げる例が出てきています。

<u>「選ばない買い物」へと生活者が向かう中で、1つの商品やサービスが定着化しやすくなっており、持続的なマーケティングが有効な場面が増えているの</u>です。

買い物行動の変化

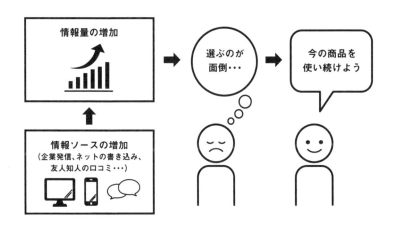

POINT　買い物ストレスが、「継続購入」の追い風になっている。

Introduction 持続的な マーケティング	# 持続的なマーケティングとは？① 新規獲得より、「継続利用」に注力する

　では、社会環境の変化をふまえて、持続的なマーケティングと今までのマーケティングとではどう視点が異なるのか？について考えていきます。

　まずは、新規獲得よりも「継続利用」に注力するということ。人口が増え続けていた時代は新規獲得に主眼がおかれていましたが、今後はLTVの向上を目指して継続利用に重心がシフトしていくでしょう。マーケティング業界には「1：5の法則」というものがあります。それは、新規顧客に販売するコストは、既存顧客に販売するコストの5倍かかる、というものです。既存顧客のほうが圧倒的にコスト効率がいいのです。

　また、大手コンサルティング会社マッキンゼー・アンド・カンパニーは、新しい顧客の消費行動モデルとして、「ロイヤリティループ」を提唱しています[10]。ロイヤリティループとは、商品の購入までではなく、購入した後も継続的に顧客と関係を続けることにより、さらなる購入を促すことを目指したモデルです。さらに、継続利用を促すことは、新規獲得にもつながっています。どういうことでしょうか？　継続利用をしている人は、使うほどに、その商品やサービスへの愛着が高まっていきます。そうすると自然と周囲の友達や家族にいい評判を広げてくれます。また、SNSへの投稿、ECサイト、比較サイトへのレビューなどネット上

の評判形成にもつながり、結果的に、既存顧客が新規顧客の興味を高めてくれるよき「セールスパーソン」になってくれます。つまり、ロイヤリティループが循環すると、顧客がじわりじわりと自然に増えていく状態をつくりだせるのです。以上をふまえて、マッキンゼー・アンド・カンパニーはマーケティング予算を、新規顧客の獲得から継続利用を促すことにシフトしていくべきだ、と唱えています。

このように、新規獲得よりも継続利用に注力することが、売れ続ける「仕組み」をつくることにつながっているのです。

ロイヤリティループ

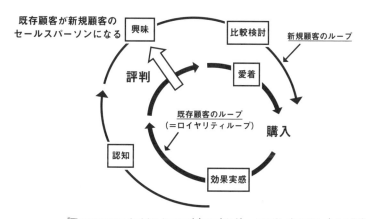

『The consumer decision journey』(マッキンゼー・アンド・カンパニー)より作成

POINT 既存顧客が新規顧客への よき「セールスパーソン」になる。

Introduction 持続的な マーケティング	# 持続的なマーケティング # とは？②
	単発の「仕掛け」より、売れ続ける「仕組み」をつくる

　年末年始や新年度前後になると、ヒット商品の話題が多くなります。でも、意外と翌年になるとヒットしていないケースもあります。

　少し古いデータですが、中小企業庁の『2005年度版 中小企業白書』[11]でも、商品の寿命が急激に短くなっていることが指摘されています。2000年以前は、商品が売れ続けた期間が1年未満と回答した割合が5%未満であったのに対して、2000年以降は18.9%まで急増しているのです。

　1度のブームをつくる単発の「仕掛け」だけでは売上が持続しない時代になっています。では、商品の生き延びる期間が短くなっている時代に、企業は何に取り組めばいいのでしょうか。シャンプーは、詰め替えパックという仕組みを導入したことで、同じ銘柄を買い続けてもらいやすくなりました。大家さんは、毎月継続的にお金が入ってきます。それは家賃制度という仕組みがあるからです。そういった<u>売れ続ける「仕組み」を、商品やサービスをつくるときにまず考えること</u>が大事です。

　売り切りではなく、利用した期間や量に応じて持続的に課金するサブスクリプションモデルも、売れ続ける「仕組み」づくりの1つです。売っているものは同じでも、仕組みを変えて、持続性を保っています。例えば、替え刃が定期的に送られてくるひげそりのモデルや、定額で車を乗り換え放題のサービスなどが挙げられます。

サブスクリプションモデルは、顧客とつながり続ける状態をつくることで、常にニーズを把握して、自社の商品やサービスを進化させていくことができるため、より売上の持続性を高められるというメリットがあります。

　売れ続ける「仕組み」とは新たなビジネスモデルや新しいテクノロジーによってもつくれますが、私たちが最も大事だと考えているのは、商品やサービスに、大きな設備投資や技術革新を必要としない「ついつい続けたくなるちょっとした工夫」を組み込むことです。それは、アイデアさえあれば、誰でもトライすることができます。本書では少しずつそれをひも解いていきます。

「仕掛け」と「仕組み」の違い

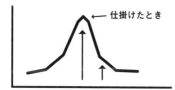

「仕掛け」による売上
← 仕掛けたとき
✓ 1回の売上をつくる
✓ 顧客との関係性が続きづらい

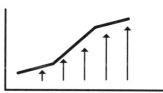

「仕組み」による売上
✓ 持続的な売上がもたらされる
✓ 顧客との関係性が続く

POINT　設備投資や技術革新がなくても、売れ続ける「仕組み」はつくれる。

Introduction 持続的な マーケティング

持続的なマーケティングとは？③

イメージより、「行動」を変える

　今までのマーケティングは、商品の機能やイメージで差をつけて、競合商品よりもいいと思わせ、購入に結びつけることを目指していました。今では、生活者は使っている商品やサービスにある程度満足しているため、機能やイメージで差をつけることが難しくなっています。あなたも普段の生活に目を向けると、家電や日用品など、周りにあるもので、それぞれの商品の違いがよくわからないこともあるのではないでしょうか。

　これからは、広告によってイメージを変えるだけでなく、「行動」を変えることが大事です。同じ商品であっても、それを使って新しい行動をつくることで、購入意欲をかきたてることが可能です。

　例えば、ハイボールを飲むことは、かっこいい、オシャレというイメージだけでなく、ジョッキで乾杯するという新しい行動をつくることによって、飲用機会を増やしました。

　また、行動を変えられると、生活者同士の中で拡散しやすくなり、周囲の人が買ってくれる可能性が高まり、売上が持続しやすくなります。心理学の観点から、人がSNSなどで拡散するのは、承認欲求を満たすためだと言われています。行動は目に見えるので、写真を撮ってSNSで発信することで、周囲にアピールできます。だから、行動を変えるほうが

拡散されやすくなるのです。

　さらに、P.24〜25で触れたように、デジタル化により接点が増えるので、「顧客の行動」が予測しやすくなっています。顧客がどこに行きそうか、どんなことをしそうか、などの予測精度がどんどん高まるので、予測結果に基づいて、次の行動変化が促しやすくなっているのです。このように、デジタル化が進むことで、持続的に顧客の行動を先読みし、アプローチしやすくなっています。

　それ以外にも、一度行動を変えることができれば、次回買われる確率が高まる効果もあります。人間は考えるプロセスや時間を簡素化したい欲求やリスクを回避したい欲求があるので、一度自分で買うという行動を起こしたものを次回も選びやすくなるのです[12]。

「行動」を変えるメリット

メリット①
拡散しやすい

メリット②
予測しやすい

SNSや口コミによって
周囲の人の
商品への関心が高まる

デジタル接点で
データを集め
次の行動変化を促せる

POINT　「行動」は拡散しやすく、予測しやすい。

Introduction 持続的な マーケティング	# 持続的なマーケティングの本質 **持続的なマーケティングとは「習慣化」である**

　これからの時代に求められる持続的なマーケティングを実現するためには、何に取り組めばいいのでしょうか？

　前ページまでを振り返ると、持続的なマーケティングのポイントは次の3つでした。

①「継続利用」に注力する

②売れ続ける「仕組み」をつくる

③生活者の「行動」を変える

　ここから私たちは、生活者の「習慣化」を促すことが、持続的なマーケティングの実現に必要なことだと結論づけました。

　これからは、<u>企業が商品をつくって、それを広告で世の中に伝えるだけでなく、その商品を使った「新しい習慣」をいかに世の中に提案するか？</u>が、今まで以上に**大事**な時代になります。歯磨きをする習慣、毎日シャンプーをする習慣、ビールで乾杯をする習慣、土用の丑の日にうなぎを食べる習慣など、商品を使った習慣が根づけば、その商品は長く買い続けてもらうことができます。一時的に買われる商品ではなく、持続的に買われる商品を生み出したいと考えるなら、「習慣化」こそ最も重要なキーワードなのです。

　全世界で60万人以上に愛読されている経営学の月刊誌『ハーバード・

034

ビジネス・レビュー』でも、2018年の3月号は「顧客の習慣のつくり方」がテーマでした。経営的な目線でも、「習慣化」が注目の論点になっていることがわかります。

「顧客の習慣づくり」は、企業の投資判断基準にもなっています。米国のある投資会社は、「The Tooth Brush Test（歯ブラシテスト）」と呼ばれる方法で、投資判断を行っています。それは、買収予定の企業の商品が、歯ブラシのように、日々の生活の中で習慣的に使われるものかで投資を判断するという方法です。企業買収では、その企業が短命で終わらず中長期的に成長できるかが大事なポイントです。だから、企業が提供する商品やサービスが習慣的に使われているかを見て、投資判断をしているのです。

持続的なマーケティングとは「習慣化」である

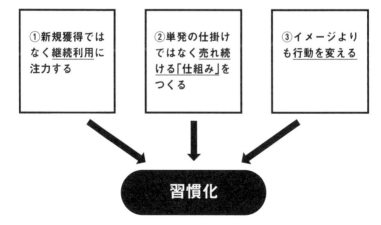

この「習慣化」を目指すマーケティングは、マーケティングの大家であるフィリップ・コトラー氏が提唱しているマーケティング1.0 - 4.0の変遷の先にある、マーケティング5.0と呼べるものかもしれません。

　まずは、マーケティング1.0 - 4.0について、簡単に解説します。マーケティング1.0は、1960年代以前、供給より需要が多かった時代の、良い製品を安くつくれば売れるという「製品中心」の考え方です。それが、1970年代以降になると、顧客のニーズを捉えて商品開発をする「顧客志向」の考え方が台頭します。これがマーケティング2.0です。さらに、1990年代以降になると、顧客の機能的なニーズを満たす商品は世の中にあふれ、精神的な充足を満たす「価値主導」のマーケティング3.0に変化します。そして、2010年代以降に、顧客の「自己実現」の欲求を満たすためのマーケティング4.0へと進化したのです[13]。

　車で例を挙げると、1.0は時速120キロの車を安く売る、2.0はバックモニター付きの車を売る、3.0はシートの広さではなく、家族とどこにでも遊びに行ける生活を売る、4.0は社会貢献をしたい若者に対して、地球環境に貢献できる車をもつという自己実現価値を売る、となります。

　人間の欲求を5段階で理論化した「マズローの欲求5段階説」において、最後の段階の自己実現欲求に対応しているのが、マーケティング4.0です。人間の欲求がすべて満たされたこのステージまでくると、次のマーケティングはどこに向かうのでしょうか。

　私たちは、<u>空間の3次元に時間軸が加わって4次元になるように、次は「時間軸」の概念がマーケティングで重要視される</u>と考えています。これ

らから、<u>時間価値を高め、習慣化を目指すマーケティングを「マーケティング5.0」と呼ぶこととします</u>（コトラー先生、すみません！）。

　なぜ、今、「習慣化」を目指すマーケティングが実現できるのでしょうか？　P.24〜25で触れた通り、デジタル化により顧客の生活行動データを把握しやすくなったからです。ようやく習慣化を目指すマーケティングに取り組みやすい環境が整ってきたのです。

マーケティングの変遷

	マーケティング1.0 製品中心	マーケティング2.0 顧客志向	マーケティング3.0 価値主導	マーケティング4.0 自己実現	マーケティング5.0!? 時間価値
目的	商品の販売	顧客満足	価値ある体験	顧客の自己実現	習慣化
技術的背景	産業革命	情報通信	ソーシャルメディア	ビッグデータ	顧客ID（顧客の個人情報）

『コトラーのマーケティング4.0』（フィリップ・コトラー著、朝日新聞出版）より作成

POINT　「習慣化」＝マーケティング5.0!?

CHAPTER 1　Introduction　｜　単発的なマーケティングから、「持続的なマーケティング」の時代へ

037

Introduction 持続的な マーケティング	# 「ヒット習慣」をつくる狙い **生み出したい3つの「変革」**

　これまで見てきたように、今後は生活者の「習慣化」によって、何度も「買いたい」と思ってもらう「仕組み」をつくることが求められます。このような、何度も買いたい仕組みづくりによって生まれた、多くの生活者が実践する習慣を「ヒット習慣」と呼ぶとすると、私たちはヒット習慣をつくることで、3つの「変革」が生み出せると考えます。

(1) 企業の変革

　経営学者ピーター・ドラッカー氏の「マーケティングの理想は、セールスを不要にすることである」という言葉にもある通り、マーケティングの本来の目的は、放っておいても売れ続ける状態をつくることです。現状では1回の売上をつくるためのマーケティング活動に追われ、それが終わればまた次の売上をつくるための活動に追われ…という状態も多く見られます。習慣化を目指したマーケティングにより、売れ続ける状態をつくることで、単発の活動に追われる状況から抜け出し、企業のマーケティング活動を変革することが可能だと考えます。

(2) 社会の変革

　次に、ヒット習慣によって、よりよい社会に変革できると考えます。2019年は、日本の女性が職場でハイヒールやパンプスの着用を義務づけられていることに抗議する活動が話題を集めました。スニーカーなど好きな靴をはいて仕事をする習慣が根づけば、もっと幸せに働ける女性が

増えるはずです。

　クリスマスにチキンを食べる、夏はノーネクタイで通勤するなどの新しい習慣が社会に根づけば、やがて新しい文化になります。このように、新しい習慣をつくり出し、文化として定着することで、社会に変革を生み出すことができると考えます。

(3) 広告業界の変革

　最後に、私たちが所属する広告業界の仕事自体を変革することもできると考えます。広告をつくるだけではなく、商品をつくる仕事、サービスを開発する仕事、事業を生み出す仕事など、いろいろな領域で、私たちのクリエイティビティは活用できると思っています。そして、私たちも新たな領域の仕事に取り組むことで、より大きなやりがいや達成感を得ています。

　「ヒット習慣づくり」は、ビジネスモデルづくりや商品開発と密接に関わってきます。「習慣化」を核として、新しいビジネスや商品を、クライアント企業と一緒に生み出すことが、結果的に広告業界の可能性を広げるきっかけになると信じています。

POINT　習慣は、社会を変革し、やがて「新しい文化」になる。

人は習慣によってつくられる。

アリストテレス（哲学者）

CHAPTER

Method

「習慣化」とは？

| Method
「習慣化」とは？

「習慣化」とは何か？
何を工夫することが「習慣化」につながるのか？

　それでは、本章では「習慣化」について、より具体的に説明します。

　例えば、あなたがトイレタリーメーカーのマーケティング担当者だと想像してみてください。洗濯用の柔軟剤商品Ａの継続購入を増やすミッションがあるとしましょう。

　この柔軟剤商品Ａの特徴は、以下の通りだとします。

・消臭効果には他社と比べて強い自信がある。

・生活者はたしかに消臭効果へのニーズがあるが、その効果が実感しにくいため、共感されにくい。

　さて、このような状況で、商品Ａを使い続けてもらい「習慣化」するには、あなたならどうしますか？

　従来のマーケティングで考えてみましょう。

　継続購入しているのはどんな人なのか、何を魅力に感じたのかなどを分析し、継続購入する可能性の高いターゲットとそのターゲットが反応するポイントを明らかにしていきます。そして、そのポイントを伝えるために、広告や販促活動などさまざまな施策を考え、実行していきます。

　しかし、習慣化はそれだけではありません。どのようなことを考えるのか、いくつか例を挙げてみましょう。

(1) 商品の機能を変える

　最近、コインランドリーを活用する人が増えています。消臭効果を強

みとして、コインランドリーの大型洗濯機に対応した専用柔軟剤を開発すると、習慣トレンドに乗ることができます。

(2) 商品の見た目を変える

商品の強さを視覚的に訴えるのも習慣化の方法の1つです。例えば、エナジードリンクの濃い液色は、視覚的に滋養効果を感じさせるいい演出になっています。商品Aで言えば、消臭効果を訴えるために、液体を濃い青色にするなどの方法があります。

(3) 購入方法を変える

例えば、商品にセンサーを装着して残量が少なくなったら自動的にインターネットで注文されるという仕組みがつくれば、購入のストレスがなくなり、習慣化につながります。

(4) 利用方法を変える

消臭スプレーはすでに習慣になっているので、商品Aという柔軟剤もスプレータイプにすることで消臭効果を実感しやすくなります。

この他にも、さまざまな方法について後述しますが、<u>習慣化は、従来のマーケティングのように、生活者に何を伝えるかという話だけではありません。商品の機能や生活者の購入方法や利用方法など、あらゆる視点で考えていくもの</u>なのです。

POINT	商品も、購入方法も、利用方法も、あらゆる視点で考える。

Method 「習慣化」とは？	行動の40％以上は 習慣である① 人間はできることなら考えたくない

米国の大学教授が発表した『Habits in Everyday Life』[15] という論文に、面白い調査結果があります。日常生活の中で習慣的な行動の割合を調べたものです。

複数の学生に対して、1時間ごとにその1時間でどのような行動をしたのか、そのときにどんなことを考えたのか、どんな感情をもったのかを日記形式でまとめるということを2日間行いました。

1時間おきにアラームが鳴る装置をつけてもらい、アラームが鳴ったら日記に記入するというやり方です。

例えば、「夕食にパンを食べた／そのときに明日の予定を考えていた／感情としてはワクワクしていた」というように、1つひとつの行動とそのときの考えや感情を合わせて記入をしていきます。また、その行動は日常的に行っているものか、同じ場所で行っているものかという習慣に関連する内容を加筆してもらいます。

日常的に、同じ場所で行っている、かつ考えや感情の大きな起伏がないものを習慣と定義しているのですが、わかったのは日常行動の40％以上は習慣であったということです。日常の中で思考をめぐらせ、判断しないといけない場面ももちろんありますが、そのときの判断力を高めるためにも、それ以外の場面においては、極力何も考えずに脳にストレス

044

をかけないようにするという人間の本能的な行動があるのです。

　この「ストレスなく行動する」というのがポイントです。商品を購入する場面においても、選択をするのはストレスを感じるので、ついいつもと同じものを購入してしまうのです。

　つまり、人間には、できることならばさまざまな行動を習慣にしたいという本能的な想いがあるのです。商品の購入を習慣化するということは、じつは企業の都合だけではなく、生活者が求めることでもあるのです。

一般的な習慣の例

例：Aさんのある一日の習慣的な各行動時間を合計すると…

1)	シャワーを浴びる	20分
2)	朝活をする	30分
3)	通勤電車に乗る	50分
4)	SNSを見る	60分
5)	メールの整理をする	45分
6)	ランチを食べる	50分
7)	コーヒーを飲む	10分
8)	スポーツジムに行く	60分
9)	洗濯をする	30分
10)	夕ご飯を食べる	60分
11)	半身浴をする	40分
12)	本を読む	60分

習慣時間の
総計515分

1日総行動時間=16時間×60=960分

よってAさんの日常行動の
約54％（515÷960≒0.54）は習慣行動

POINT

「習慣」は生活者が
本能的に求めるもの。

CHAPTER 2　Method　｜　「習慣化」とは？

Method 「習慣化」とは？	# 行動の40％以上は 習慣である②
	1つの習慣を複数の商品やサービスが支えている

　朝起きたときに、あなたがしている習慣は何でしょうか？

　顔を洗って、歯を磨いて、パンを焼いて、洗濯機を回して…さまざまな習慣があるはずです。家を出てから、夜寝るまでも、多くの習慣があります。

　これらの習慣の1つひとつが、さまざまな企業の商品やサービスで支えられています。例えば、朝に顔を洗うことを考えてみましょう。洗顔料、タオル、化粧水、乳液などさまざまな商品を利用します。蛇口をひねって水を出しますし、寒い日はお湯にするかもしれません。気分をシャキっとするために、音楽を聴きながら顔を洗うかもしれません。このように、商品だけでなく、水道、ガス、音楽配信などのサービスも利用しています。

　朝、顔を洗うことは多くの人が毎日行う習慣です。ビジネスの視点から言い換えると、継続購入を促すには、このような習慣の中で選択される商品やサービスになることが重要というわけです。

　また、一口に習慣といっても、さまざまなタイプがあります。朝に顔を洗うことは昔から続いていて、かつほとんどの人が行う習慣ですが、特定の人が行う習慣（例えば、乳児がいる家庭での哺乳ビンでミルクをあげるという行為）や、年に1回しか行わない習慣（例えば年賀状をおくること）などもあります。

046

日々、さまざまな習慣が生まれたり消えたりしています。例えば、若者がハロウィンで仮装して繁華街を歩くという習慣は少し前に登場し拡大しましたが、最近は社会問題として取り上げられるようになり、やや落ち着いてきた印象があります。

 このように、習慣のトレンドを素早く察知し、そこに自社の商品やサービスをどのようにひもづけ、多くの生活者が行う習慣として定着させていくのか？ということが重要になります。

1つの習慣を支える商品やサービス

> POINT　習慣のトレンドを素早く察知し、商品をどのようにひもづけるか？

Method 「習慣化」とは？	# 企業に「習慣化」は # できるのか？① 企業が手掛けた「習慣化」の事例

　企業は、自社の商品やサービスを通じて、意図的に「習慣化」を促すことができるのでしょうか？　考えてみると、私たちが普段行っている習慣の中にも、じつは企業が手掛けたとされるさまざまな習慣が存在しています。

　例えば、節分に恵方巻きを食べるという習慣があります。もともと節分に太巻きを食べる風習が江戸時代から一部の地域にありました。そこに着目したコンビニエンスストアチェーンが「恵方巻き」というキーワードで広げたというのが現在の習慣につながっていると言われています。たしかに、恵方巻きを買うときに、そもそもどんな意味があるのか、あまり深く考えずに、習慣として購入している人も多いはずです。

　また、朝にシャンプーで髪を洗うという行為も多くの人が行っている習慣です。これは、1980年代に企業が広げたと言われています。他にも、クリスマスにチキンを食べる、仕事中にペットボトルでコーヒーを飲むなど、何かしらの購入に結びつく習慣は、企業が手掛けて広がったものが多いのです。

　一方で、習慣化を実現することの難しさはしっかり理解しておく必要があります。人間は一度習慣になったものはなかなか変えようとしない

ものです。科学的にも、身についた習慣は、身についたタイミングが新しいものから順番に離れていくと言われています。

わかりやすい例はダイエットです。一定の期間、食事制限や運動を行い、習慣化したのに、目標体重になったらやめてしまい、結局リバウンドしてしまったという人も多いのではないでしょうか。

長い期間続いている習慣を変えるのは難しいですが、チャンスは必ず存在します。<u>習慣も一生続くとは限らないので、古い習慣が衰退するタイミングを見計らって、新しい習慣へのスイッチを促す</u>のです。その方法は、後ほど紹介します。

企業が手掛けた「習慣化」の事例

| POINT | 「習慣化」がロングセラー商品を生む。 |

Method
「習慣化」とは？

企業に「習慣化」は できるのか？②
高頻度利用の商品は「習慣化」しやすい

　習慣化をしやすい商品やサービスとそうでないものには違いがあります。使われ続ける商品やサービスを生み出す心理学とデザインをまとめた書籍『Hooked ハマるしかけ』[16]によると、ある商品やサービスに生活者への習慣化のポテンシャルがあるかどうかを調べるには、2つの視点に着目するといいと書かれています。

　1つは、<u>頻度（その行為がどれくらいの頻度で発生するか）</u>、そしてもう1つは、<u>使いやすさ（生活者にとってその行為が便利なものか）</u>です。この2点を満たす領域はハビット・ゾーンと呼ばれています。また、この2点の少なくとも一方、特に<u>頻度が高い状態であれば習慣化のポテンシャルがあります</u>。

　例えば、シャンプーは毎日使うので頻度が高いですし、Webの検索エンジンは1日の中で数え切れないほど利用しているかなり高頻度なサービスの1つです。このような特性をもつものは習慣化のポテンシャルが高いと言えます。

　自動車も頻度が高いものの1つです。「自動車は何度も購入するものではない」と思う人もいますが、購入頻度ではなく利用頻度に着目している点にご注意ください。通勤で使う人も、週末のみ使う人もいると思いますが、一定頻度での利用があるので、十分に習慣化のポテンシャルはあると考えられます。同じ自動車メーカーで買い替えをする人が多いの

は、そのためです。

スマホゲームは利用を習慣化してもらうために、頻度を高める工夫が満載です。ダウンロードをして利用をはじめると、初回特典としてレアなアイテムが大量に与えられ、そのアイテムを使いたくなります。また毎日ログインすると特典がもらえるので、頻度が高まります。そして、気がついたときには操作に慣れているのです。

一方、頻度が低いECサイトなどは、頻度を高めつつも、いかに使いやすさを高めるかが習慣化の生命線となってきます。

ハビット・ゾーン（習慣化された領域）

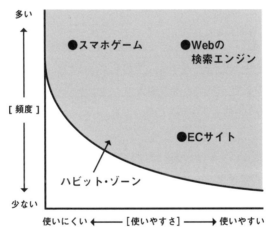

『Hookedハマるしかけ』（ニール・イヤール／ライアン・フーバー共著、翔泳社）より作成

POINT　どんなに使いやすくても、頻度が低いと習慣化しない。

Method
「習慣化」とは？

「習慣化」の企業メリット①

継続購入の2つの手段

　これまでの企業のマーケティング活動は新規購入を増やす活動が中心で、継続購入を増やす活動は限定的でした。これは、さほど重視していなかったのではなく、やりたくてもできることが限られていたことが理由です。例えば、顧客へ会員登録を促し、後日メールやDMを届けたり、カスタマーセンターからフォローの電話をかけるなどをして、顧客の満足度を高めるとともに、継続購入をおすすめするといった方法が行われてきました。

　これらの方法は企業側から一方的に生活者に継続購入を促すPUSH型（企業から背中を押す）と呼ばれる方法です。一方で、「習慣化」するということは、生活者が自然と継続購入することを目的にしており、PULL型（自然と購入される）の方法と呼べます。

　PUSH型のメリットはお金をかけた分、どれだけ継続購入につながるのかがある程度予測できることにあります。例えば1,000人にDMを送るのに10万円かかるとします。何度か実施すれば、1,000人のうち何％が購入するのか、ある程度予測ができます。5％だとすると、1,000人×5％=50人が購入することになります。10万円かけて50人の購入になるので、1人あたり2,000円で継続購入につながったことになります。このように予測ができるというのはたしかにメリットと言えます。一定の確率で、いくらかければ継続購入をどれだけ促せるかがわかっていれば、リスクの低い投資です。

052

一方で、PUSH型にはデメリットもあります。PUSHをしてもつくれる継続購入は基本的には1回です。もう一度購入してもらうにはまた2,000円をかけることになります。このように、継続購入を増やすために何度もお金がかかってしまうことがデメリットです。

では、PULL型として、その商品を利用することが「習慣化」されたらどうでしょう？ 生活者が自然に購入してくれるようになるので、お金がかかりません。もちろん、習慣をつくる上でお金はかかりますが、成功すればPUSH型と比べて圧倒的に費用対効果が良くなるのです。

PUSH型とPULL型

PUSH型　⟷　PULL型

PUSH型

< 特徴 >
- 生活者が受動的に受けとる
- コントロールしやすい
- マーケティングコストが高い

< 例 >
- 広告
- 電話
- DMハガキ
- E-mail
- 訪問

PULL型

< 特徴 >
- 生活者が能動的に行動する
- コントロールが難しい
- マーケティングコストが抑えられる

< 例 >
- **習慣化**
- SEO
- ソーシャルメディア
- 動画投稿
- カスタマーサポート

POINT　習慣化すれば、マーケティングコストが抑えられる。

Method 「習慣化」とは？	# 「習慣化」の企業メリット② **間接流通の企業も継続購入を促せる**

　最近、企業のマーケティング担当者と話をすると、顧客との直接接点をつくりたいという話が増えている印象があります。

　例えば、食品メーカーで考えてみましょう。食品メーカーは新しい成分や味の研究を行い、需要が見込める商品を開発・製造します。そして、商品は卸売会社へ卸され、卸売会社からスーパーやコンビニエンスストアなどの小売会社へ配荷され、そこから最終的に生活者に販売されます。つまり、多くの場合、食品メーカーは直接生活者に販売しているわけではないのです。それゆえ、食品メーカーは自分たちの商品を買っている生活者との直接接点をもっていないケースが多いです。

　そのような企業は「間接流通」と呼ばれています。メーカーの多くはこのような「間接流通」です。最終的に生活者に商品を販売する小売会社であれば、店舗という生活者との直接接点があるので、ポイントカードを通じてアドレスを取得しメールを送ったり、店頭で購入した際に次の買い物で使えるクーポンを渡すことが可能です。もちろん直接会話をすることもできます。しかし、「間接流通」は直接接点がないので、生活者と直接触れ合い、反応を見たり、告知をするなど継続購入を促す手段が限られているのです。

054

そして、じつはそのような傾向は生活者との直接接点をもっていたは ずの小売会社においても起きはじめています。生活者がインターネット で購入する傾向が強まり、店舗販売を中心とする小売会社でさえ、生活 者それぞれと直接つながることが困難になってきているのです。

　また、ポイントカードを発行して会員登録してもらっても、ポイント カードが財布にあふれ、あまり利用されない、メールを送っても開かれ ないなどのハードルがあり、うまくいくケースばかりではありません。

　第1章でも触れたように、継続購入の重要性を多くの企業が認識しは じめている中で、顧客と直接つながらなくても継続購入を促す方法が求 められています。

　つまり、企業が習慣化するメリットは、持続的かつ自発的に商品や サービスを購入してもらえるので、継続購入を増やすためのコストを抑 えられることや、現状よりも広告投資を削減できることが挙げられま す。それと同時に、直接顧客との接点をもたない間接流通の企業であっ ても、効率的に継続購入を促すことができるようになるのです。

POINT　顧客との直接接点がなくても、 習慣化によって継続購入が促せる。

Method 「習慣化」とは？	# 習慣の４分類 自社の商品やサービスはどの習慣を狙うか？

　私たちは、これまで100以上の習慣の兆しを発見し、分析し、発信してきました（※連載コラム『ヒット習慣予報』https://www.hakuhodo.co.jp/magazine/series/hit-shukan/）。

　その中で、習慣には大きく４つの分類があるということがわかりました。

　右の図において、横軸は「本能的」と「理性的」です。人間として合理的に考えて行動する知的能力が理性です。例えば、「こっちのほうが安いから買おう」「この商品はこの機能が優れているから買おう」といったものです。

　一方で、行動経済学などでも言われるように、人間はときに非合理的な行動をします。例えば、ギャンブルで勝ったお金は給料でもらったお金よりも簡単に使ってしまうと言われます。理性的に考えればどちらも同じ価値の１万円だとしても、ギャンブルで勝った１万円はせっかくだしパーッと飲みに行こう！といった使われ方をするのです。このように、合理的ではない行動特性を「本能的」としています。

　次に、縦軸は「ポジティブ」と「ネガティブ」です。ポジティブは現状をよりよくしていく習慣で、ネガティブは何かしらの問題を解決するための習慣です。このように横軸、縦軸で分けて、それぞれ考えてみましょう。

詳しくは後述しますが、それぞれのゾーンを、「成長」「不満解消」「快楽」「不快解消」と分類しています。

　さまざまな企業と、習慣化のための取り組みをしていますが、最初に出る多くの習慣化アイデアは「理性的」に属する「成長」「不満解消」のものが多くなります。「理性的」なアイデアでうまくいかなかったら、「本能的」に考えてみる、ネガティブのアイデアでうまくいかなかったらポジティブで考えてみる、といった具合に、アイデアを広げていくツールとしても、この4分類を活用することができます。

習慣の4分類

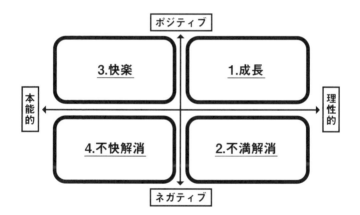

| POINT | 「習慣の4分類」を行き来して、アイデアの幅を広げる。 |

習慣の4分類
ー「成長」の習慣ー

Method
「習慣化」とは？

成長を実感してもらうことでつくられる習慣

　理性的×ポジティブのゾーンは「成長」の習慣です。いくつか具体的な例で説明します。

　最近、家計簿アプリを利用する人が増えています。収入や支出を一括で管理するアプリです。銀行口座やクレジットカードとも連携していて、支払いをすれば自動的にアプリに反映されるような機能もあります。また、エクササイズを支援するサービスの利用者も増えています。米国では、サイクリングマシンを購入し、そのマシンに付属する画面で専用の動画コンテンツを見ながらペダルを漕ぐことができるサービスも提供され、話題になっています。

　家計簿アプリもエクササイズサービスも、共通しているのは自分の成長のために利用されているということです。家計簿アプリであれば、無駄遣いを減らすこと、エクササイズサービスは健康的な身体になることです。この<u>「成長」の習慣は、「成長しているという実感」を生み出すことが重要</u>になります。

　例えば、家計簿アプリでは1か月の収入と支出がパッと見てわかったり、収支のこれまでの推移もわかります。それを見て、「確実に無駄遣いがなくなってきた」「貯金に回すお金が増えてきた」といった実感が生まれるのです。それゆえ、顧客の利用データを取得しやすいデジタルサービスなどでよく見られます。

最近、「カスタマーサクセス」という言葉をよく聞くようになりました。

カスタマーサクセスとは、その名の通り、生活者の成功を支援する取り組みのことです。商品が買われて終わりではなく、その商品を通じて顧客が成し遂げたかったことを支援するのです。<u>「成長」の習慣には、このカスタマーサクセスが重要</u>です。家計簿アプリで言えば、新規顧客がアプリを利用しはじめるのがゴールではありません。顧客が無駄遣いを減らすために支出がパッと見てわかる画面をつくったり、支出の登録が一定期間なかったら通知をして、入力忘れをなくすように支援するというようなカスタマーサクセスの取り組みによって、「成長を実感してもらうこと」が重要なのです。

「成長」の習慣

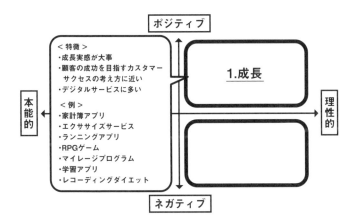

POINT 「カスタマーサクセス」を支援する。

Method	習慣の４分類
「習慣化」とは？	ー「不満解消」の習慣ー
	商品機能により不満を解消することでつくられる習慣

理性的×ネガティブのゾーンは「不満解消」の習慣です。これもいくつか具体的な例で説明します。

最近、ペットボトルのお茶で、本格的な味を追求している商品が多く見られます。ペットボトルで飲み物を持ち歩くことは習慣の1つです。もともと、ペットボトルのお茶は、味にこだわるというよりも、さっとのどを潤すという目的で購入されるケースがほとんどでした。

しかし、ペットボトルでお茶を飲むことが一般化してくると、ペットボトルでも、本格的な味のお茶を飲みたいというニーズが高まってきました。言い換えれば、持ち歩きの便利さと本格的な味わいの両立ができていないという不満です。これを解決するために、本格的な味わいのペットボトルのお茶が多く発売されるようになりました。

このように生活者の不満を商品機能により解消することでつくられる習慣が、「不満解消」の習慣です。インターネットで商品を購入するという習慣も、「わざわざお店に行かないと商品が購入できない」という不満を解消することで定着しました。同様に、衣類にシュッとかける消臭スプレーも、「洗濯が面倒くさい」という不満を解消して習慣化したものです。

この「不満解消」の習慣は、生活者の不満の発見が重要になります。しかしこれは、じつは思っているよりも難しい作業です。

というのも、「その解決のためなら、手間やお金をかけてもいい」という不満を見つけることが難しいのです。

　不満な点は探せば数多く出すことができます。しかしその多くは「まあ、あれば使うかな」程度の不満です。手間とお金をかけてはくれません。ペットボトルのお茶であれば、「持ち運びやすさと本格的な味わいの両立」、消臭スプレーであれば「洗濯する量が減る」というような、手間やお金をかけてでも解決したい強い不満を見つけることが重要になります。

　このような不満のことを、マーケティング用語で「ペインポイント」と呼びます。単なる不満ではなく、ペインポイントを見つけることが重要なのです。

「不満解消」の習慣

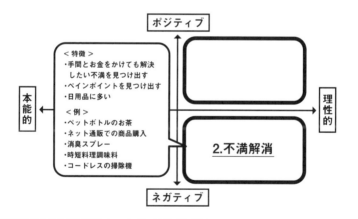

POINT　手間とお金をかけても解決したい「ペインポイント」を見つける。

| Method
「習慣化」とは？ |

習慣の４分類
－「快楽」の習慣－

根源的な欲求を満たすことでつくられる習慣

　本能的×ポジティブのゾーンは「快楽」の習慣です。具体的な例で説明します。

　最近、炭酸水を飲む人が増えています。あのシュワシュワという爽快感をめあてに購入される中、より強い刺激が得られる強炭酸水も人気です。今まで以上に、のどごしを刺激する爽快感が求められているということです。

　他には、ビーズクッションも人気です。機能的には、どんな形にも変化して、ほどよい反発性もあることが挙げられますが、利用者を見ていると多くの人が同じ動作をしていることに目がいきます。それは手や足でムニムニとビーズを触ることです。この感触の心地よさこそが人気の理由の１つになっているのです。

　デジタルサービスでも、「快楽」の習慣が見られます。例えば、街中でキャラクターを捕まえるスマホアプリが人気です。人気の理由はいくつかありますが、キャラクターを捕まえるときの動作の心地よさが強く影響しています。

　このように、快楽においては、「○○感」を刺激するというのが重要です。理性的のゾーンと比べて、論理的に説明しづらいので、ややわかりにくいですね。しかし、炭酸水であれば爽快感、ビーズクッションならばムニムニ感、キャラクターを捕まえるスマホアプリであれば捕まえた

感が、習慣化の理由になっています。

マーケティング用語では、そのような「〇〇感」をつくることを「UXデザイン」と呼びます。UXとはユーザーエクスペリエンスの略で、商品やサービスの利用体験に演出を加えることにより、体験価値を高めていくことです。

ここで注意したいのは、「〇〇感」であれば何でもいいというわけではありません。触って気持ちいい、見て楽しい、なんかグッとくるなど、<u>性別や年代に関係なく、生活者の誰しもが惹かれるような根源的な欲求を満たす「〇〇感」をつくることが重要です。</u>

「快楽」の習慣

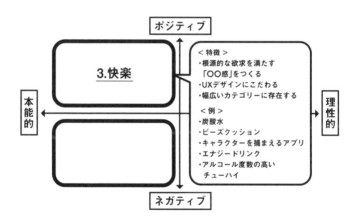

POINT　グッとくる「〇〇感」をつくる。

Method「習慣化」とは？	# 習慣の4分類 －「不快解消」の習慣－ 不快な気分を解消することでつくられる習慣

　本能的×ネガティブのゾーンは「不快解消」の習慣です。具体的な例で説明します。

　男性用のトイレに、たまに的のシールが貼ってあるのを見たことありませんか？（見たことのない、特に女性の方、すみません）

　このシールは絶大な効果を発揮しています。男性の小便器は、立ったまま済ませられるように、縦長の形状をしています。台数を増やすためにも、考え抜かれた形状ですが1つ問題があります。縦長である分、少し横に飛び散ってしまいがちなのです。これを解消したのが的のシールです。小便器の真ん中に的のシールが貼ってあると、思わずそこを狙いたくなります。そしてそこに当たれば真ん中にあるので周りに飛び散りにくくなるというわけです。

　他にも、漫画の背表紙の工夫があります。背表紙を並べると1つの絵が完成するような漫画があります。これがあると「3巻は友達の家で読んでしまったけど、背表紙を揃えたいから買っておこう」という行動を誘発するのです。

　このように、「不快解消」の習慣とは、なんとなく気持ちが悪いから、それを解消するためについついやってしまう習慣です。

　デザインの世界では、このことをアフォーダンスデザインと呼んでいます。アフォーダンス（affordance）とは、「与える・提供する」という意

味をもつ「afford」をもとにした造語であり、「人や動物と物や環境との間に存在する関係性」を示す認知心理学における概念です。それが、認知科学者のドナルド・ノーマン氏によってデザインの世界に持ち込まれました。簡単に言えば、「説明なしでも行動を誘発するデザイン」という意味になります。例えば、Webサイトを見ていて、文章の一部分の文字色が変わって下線が引かれていたら、「ここはクリックできる」とわかりますよね。そのようなデザインがアフォーダンスです。これを応用して、やらないとなんだか心地悪い状態をつくり、習慣化を実現させることができるのです。

「不快解消」の習慣

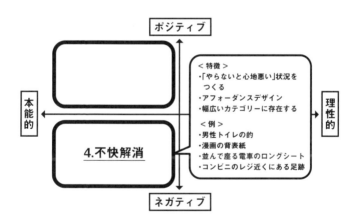

POINT

「アフォーダンスデザイン」を組み込む。

Method 「習慣化」とは？	# 「習慣化」への近道 習慣化への取り組みを失敗しないために

　さて、ここまで習慣化とは何かについて触れてきました。でも、「習慣化とは何かはわかったが、具体的には、どうやって習慣化を考えればいいのかわからない。なんか難しそう」と思った人も多いのではないでしょうか？

　いよいよここから、「習慣化」をどのように考え、実現させていくのかという、方法論を説明します。

　習慣化を実現させる際に注意すべきことがあります。それは本章冒頭で説明した通り、習慣化には幅広い視点が必要になるということです。具体的には、商品の機能、売り方、広告、パッケージデザイン、ネーミングなどです。

　それゆえ、<u>習慣化はチームで取り組むことになります。しかもさまざまな部門を横断したチームです</u>。商品機能であれば、商品企画部や研究開発部などの管轄になりますし、そもそもどこで売るのか、店頭であればどのような棚を獲得するべきなのかは、営業部の管轄である場合が多いです。広告や商品のパッケージデザインなどは宣伝部が関わります。

　このように多くのチームが関わると、検討を進めていく中でさまざまな問題が起こります。例えば、営業部の○○さんが検討会を欠席し、次回検討会では「そんなこと聞いてない」と言い出し、再度前回の議論をするなどといったこともよくあります。

また、当然ですが、いきなり「こうやれば習慣化できる」といったアイデアが出ることは稀です。少しずつ情報を集めたり分析したりしながら検討を進めていく必要があります。

だからこそ、習慣化のアイデアをつくっていくための検討の順番や途中の結果などを明確にし、最初や途中で適宜、関係者全員で認識を揃えておく必要があります。

さまざまな部門の人たちとともに、今どこをやっているのかを共通認識化しつつ進めていけば混乱が起きにくくなります。その考える順番を明確にしたものは、一般的に「フレームワーク」と呼ばれます。このフレームワークに沿って検討を進めると、新しいアイデアが生まれやすくなり、組織がまとまりやすくなります。有名なフレームワークには3C（顧客、競合、自社の3つを分析するもの）、SWOT（自社の強み、弱みと周辺環境の機会、脅威を洗い出すもの）などがあります。これらは実際のビジネスの場でもよく使われているのですが、このようなフレームワークがあると、効率的な検討ができるので便利です。

私たちは、幅広い視点が必要な習慣化を考えるために、このようなフレームワークが有効だと考えました。次ページから、このフレームワークについて説明していきます。

POINT　「フレームワーク」が、アイデアを生み、組織をまとめる。

Method
「習慣化」とは？

「習慣化」のフレームワーク

「習慣化」を実現させるための3ステップ

　それでは、私たちが開発した「習慣化」のフレームワークについて説明します。

　このフレームワークの開発に向けて、さまざまな企業とともに、習慣化に向けた実験的な取り組みを行ってきました。具体的には、フレームワークの仮説を何パターンもつくり、実際にそれぞれのフレームワークで習慣化を考えてみたのです。「このフレームワークだとアイデアが出にくい」「このフレームワークだと生活者ニーズを捉えきれない」など試行錯誤を繰り返しました。さまざまなフレームワークを試した結果、考えるべき大きな要素は以下の3つに集約されることがわかりました。この3つを順番に考えていくことが、私たちが考える習慣化のフレームワークです。

　この3つの頭文字をとって、<u>PAC（パック）フレーム</u>と呼んでいます。

（1）Prediction　習慣を予測する

　世の中で起こっている大小さまざまな習慣を捉え、次に来る習慣を予測するというものです。習慣にはトレンドがあって、これから広がるであろう「兆し習慣」と、縮小傾向になってきた「衰退習慣」がありますが、まずは「兆し習慣」を探し、その裏にある「衰退習慣」をあぶり出します。そして、「兆し習慣」の中心にいる人たちを探り、その習慣を続ける理由＝「習慣インサイト」を深掘りします。

(2) Addiction　習慣を設計する

Predictionであぶり出した「兆し習慣」と自社の商品やサービスを組み合わせた際に、新しくどんな習慣がつくれそうなのか？という観点で「習慣化コンセプト」を考えます。

またここで重要なのは、習慣化コンセプトという概念にとどまらず、実際にどんなことをしてもらうのか？　を具体的に設計することです。そのために「習慣化ループ」というテンプレートを活用します。そして、それを形にする「習慣化4P（Product, Price, Place, Promotion）アクション」をつくることが、ここのゴールです。

(3) Conversation　習慣を広げる

最後に、どうやって習慣を生活者に広げていくのか？　そのために私たちが重要だと考えたのは、生活者同士の会話をつくるということです。会話は発信者と受信者から成り立ちます。まずは発信者を増やすために「局所を攻める」ことを狙います。そのあとに、受信者に広げる「マス（大人数という意味）を攻める」という2つのアプローチで考えます。また、会話を生み出すにはコツがあります。どのような考え方で会話を生み出していくのか、そのポイントについて触れていきたいと思います。

次章から、Prediction/Addiction/Conversationの順で詳しく説明していきます。

| POINT | 「PACフレーム」を使いこなす。 |

PACフレーム

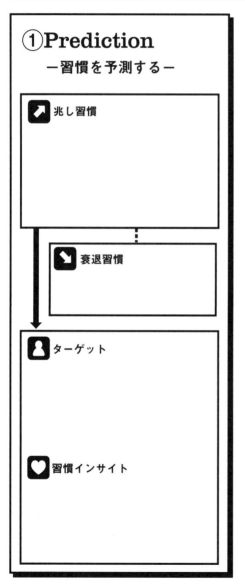
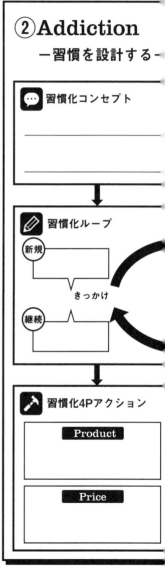

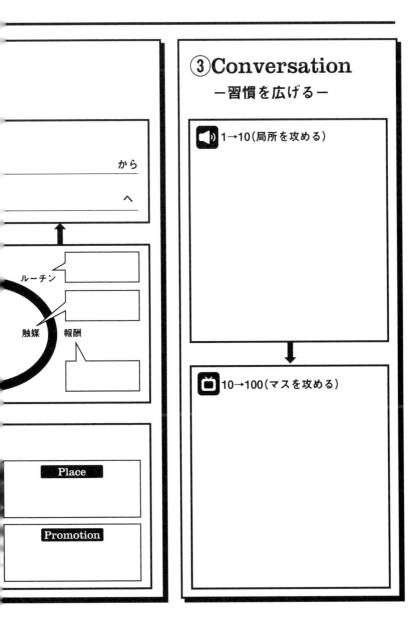

昨日から学ぼう。

今日を生きよう。

明日を見つめよう。

スヌーピー

CHAPTER

3

Prediction

習慣を予測する

| Prediction 習慣を予測する | # Prediction からはじめる① 「兆し習慣」をあぶり出し「習慣インサイト」を探る |

本章ではPACフレームで最初に行う「Prediction」について説明します。ここで大事なのは、世の中で起きている現象を「点」ではなく「時系列」で捉えるということです。どういうことでしょうか?

(1) ステップ① 「兆し習慣」をあぶり出す

習慣にはこれから実践する人が増えるか減るかの人気傾向があります。まずは、この「習慣トレンド」を捉え、これから実践する人が増えるであろう「兆し習慣」と逆に人が離れていくであろう「衰退習慣」をあぶり出します。そのとき、"今"流行っているかではなく、過去5年ほどを振り返り、マクロな視点をもって「時系列」でトレンドを見ていきながら、なるべく多くの「兆し習慣」をあぶり出します。

(2) ステップ② 「習慣インサイト」を探る

「兆し習慣」をあぶり出したら、人々がその習慣に集まっている理由を深掘りしていきます。マーケティング用語で、商品を利用する本質的な理由、ともすると本人も気づいていない理由を「インサイト」と呼びますが、「兆し習慣」を行う人の「習慣インサイト」を探ります。ここでも、「時系列」で捉えるようにしましょう。きっかけは何か? どんな行動の後にその習慣を行っているか?など習慣を行っている瞬間だけでなく、その前後も含めて「N=1(1人ひとり)」に注目し、ミクロな視点で探ることが重要です。

例えば、時系列で見ると、超ハイカロリーの大盛りカップ焼きそばや、激辛のラーメンなど刺激が強い食べ物、いわば「限界食」が増加傾向にあります。続いて、それを実践している人の行動を時系列で調べていくと、意外にも暴飲暴食を繰り返す人よりも、普段はダイエットでカロリーを制限しているのに、その反動で、たまのご褒美として「限界食」を食べている人が多いということがわかりました。つまり「限界食」の習慣インサイトは「ダイエットの息抜きをしたい」からだったのです。このようにインサイトが浮き彫りになると、あえてジムでハイカロリーのスイーツを販売したり、体重管理アプリでご褒美クーポンを送るなど、新しいビジネスチャンスが見えてきます。

Predictionの2ステップ

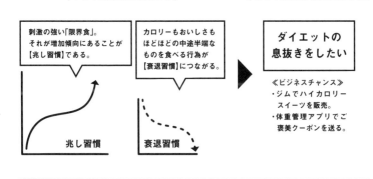

POINT 「点」ではなく、「時系列」で分析する。

Prediction 習慣を予測する	# Predictionからはじめる② Prediction を行う本質的な意味

　PACフレームは、なぜ世の中の現象を時系列で捉えるPredictionから
はじまっているのでしょうか？　今までのマーケティングの考え方を
知っている人は、Customer（顧客）、Competitor（競合）、Company（自
社）を見る3C分析などの現状分析からはじめなくていいのかと思われ
るかもしれません。

　あえて一般的な現状分析ではなく、Predictionからはじめる理由は、
「習慣化を実現する上で、これまで以上に生活者中心の考え方が重要だ
から」です。「生活者中心の考え方」が重要となる理由は2つあります。

　1つ目の理由は、「競合の動き」への対応よりも、「生活者の動き」への
対応に注力すべき時代になったからです。テクノロジーが加速度的に進
化し、目まぐるしく変化する現代において、競合の規定はとても難しく
なってきました。スーパーマーケットの競合は、昔は近隣の同業態でし
たが、今ではECも競合となります。さらに最近では、サブスクリプショ
ン型のサービスで、決まった食品が定期配送されるといったケースもあ
ります。このように、見方によって実にさまざまな相手が競合となり、
とてもすべての動きを追いきれません。だからこそ、競合よりも生活者、
特に自社の顧客が何を求めているのかを理解することが重要になってい
るのです。

2つ目の理由は、商品やサービスを「習慣化」させる目的が持続的に売れ続ける仕組みづくりだからです。短期的に盛り上がる仕掛けで、一度商品を買ってもらえればいいのではありません。「習慣化」のためには、そのあとどれだけ購入・利用し続けてもらえるかのほうが重要です。だからこそ、<u>短期的な目線ではなく中長期的に生活者が何を求め続けるのか？という予測＝Predictionが大事になる</u>のです。

　競合の動きに対応するのではなく、生活者の動きに対応し、彼らが求め続ける習慣を設計するための第一歩として、Predictionを行うことの重要性が理解できたはずです。

Predictionからはじめる理由

理由①
「競合」視点ではなく
「生活者」視点で考える

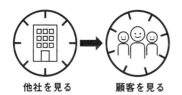

他社を見る　　顧客を見る

理由②
「一度買う」ではなく
「何度も買う」をつくる

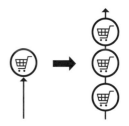

POINT　「競合の動き」ではなく、「生活者の動き」に対応する。

| Prediction 習慣を予測する | # 習慣トレンドとは？① 習慣トレンドの変化と習慣の栄枯盛衰 |

ここからは、「習慣トレンド」とはどういうものなのか？について説明します。まずは、兆し習慣と衰退習慣が、どのような習慣を指しているのかについて説明します。

習慣が生まれてから消えるまでの栄枯盛衰について考えると、習慣トレンドはどのように変化するでしょうか。私たちは習慣トレンドの変化を「習慣トレンドサイクル」と呼び、大きく3つのフェーズに分けて考えています。以下で、それぞれを紹介します。

(1) 右肩上がりの成長トレンド (= 兆し習慣)

1つ目のフェーズが「兆し習慣」です。生まれた後、実践する人が増えていく右肩上がりの成長トレンドにある習慣を指します。街やSNSで目新しい行動として違和感を感じるところからはじまり、さらに広がるとテレビなどでも"話題の○○"などの形で取り上げられるようになり、世の中の浸透度合いを実感できるようになります。

(2) 横ばいの安定トレンド (= 定着習慣)

習慣を実践する人の数が横ばいの"安定トレンド"にあるものは、「定着習慣」と呼びます。兆し習慣を経て、世の中に浸透したものがこのフェーズとなり、周囲で実践している人は多いですが、世の中において当たり前となっているため、あまり話題になりません。

(3) 右肩下がりの衰退トレンド（= 衰退習慣）

　習慣を実践する人が徐々に減る、右肩下がりの"衰退トレンド"にあるのが「衰退習慣」です。周りで続けていた人がやめはじめ、メディアでは"○○離れ"などと取り上げられます。時代の変化にともない、時代遅れの習慣となり、消えていくフェーズにあたります。

　<u>着目したものが、兆し習慣か？　定着習慣か？　衰退習慣か？　その見極めが、習慣トレンドを捉える上で大きな課題です</u>。100%的中させることは難しいですが、精度を高めることはできます。詳細は後述しますが、例えば、検索数の推移がわかるGoogle Trendsというツールで気になる習慣トレンドを分析すると、ある程度の傾向がつかめます。

習慣トレンドサイクル

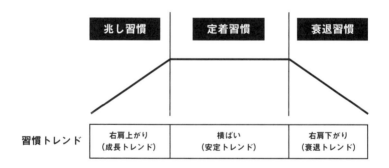

| POINT | 捉えようとする習慣は、兆しか？　衰退か？　その見極めが、大きな課題。 |

習慣トレンドとは？ ②

Prediction
習慣を予測する

ブームとトレンドの違い

習慣トレンドを捉え、兆し習慣を予測する上で、ブームとトレンドを混同して考えてしまうことがよくあります。これらの違いは、習慣トレンドの捉え方にも関係してきますので、ブームとトレンドは何が違うのかについて、ここで説明しておきます。

まず、「ブーム」とは、短期的な盛り上がりのことを指します。ひとたび人気に火がついてから数か月の間は大きな話題になりますが、しばらくすると下火になってしまうものです。

一方、「トレンド」は、ブームよりも息の長い中長期的な傾向を指します。例えば、糖質オフ習慣は、2012年にダイエット手法として脚光を浴びて以降、一時的に話題になっただけではなく、継続して実践する人が着実に増えてきた習慣です。このように、ブーム＝短期的な盛り上がりであるのに対し、トレンド＝中長期的な傾向であることが、ブームとトレンドの大きな違いです。

お笑い芸人に例えるとわかりやすいのではないでしょうか。一発ギャグやショーレースで脚光を浴びて、ブレイクした芸人の中には、1年もたたずにお茶の間から飽きられ、テレビで見なくなる芸人もいれば、レギュラー番組をつかみとり、売れ続ける芸人もいます。前者の人気が持続しないケースがブーム、人気が持続し売れ続けるケースがトレンドであると言えます。

ブームとトレンド

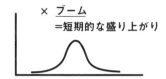
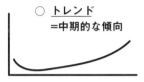

　2019年に話題となった「タピオカ」は、ブームか？　トレンドか？　比較対象として「パンケーキ」とともに、検索数の推移を分析できるGoogle Trendsで見てみましょう。パンケーキは2013年から成長トレンドに入り、その後現在に至るまで安定トレンドにあります。一方、タピオカはここ数年でパンケーキをしのぐ勢いで急成長し、その後急激に減少しています。タピオカとパンケーキで全く傾向が異なります。タピオカは新たなニュースがない限り、ブームで終わってしまう可能性が高いということです。

タピオカはブームか？　トレンドか？

POINT

ブーム＝短期的な盛り上がり
トレンド＝中長期的な傾向

Prediction 習慣を予測する	# 習慣トレンドとは？③
	時代遅れリスクを避ける

習慣トレンドを捉えることは、新しい商品やサービスを開発するときも有効ですが、既存の商品やサービスをリニューアルするときの大きな判断材料にもなります。例えば、30年前に発売された商品は30年前の社会の常識で考えられて生まれたものであって、<u>今の常識とは知らず知らずのうちにかけ離れてしまい、商品価値が陳腐化しているリスクがある</u>からです。

居酒屋というと、どのようなイメージを思い浮かべるでしょうか？

お店によってコンセプトはさまざまですが、多くの場合、ビジネスパーソンがお酒を飲むための場所という大枠からは外れていないはずです。ところが、居酒屋について情報収集をしてみると、そんな当たり前のイメージを覆す情報が見つかりました。

ニュースサイト『しらべぇ』の「女子高生がファミレス感覚で居酒屋に？『トラブルの気配感じる』の声も」という記事[19]の中で、女子高生が居酒屋を友達とのたまり場に利用しているという話題がテレビ番組で紹介されたことを受けて、その番組への反響を紹介しています。これは2018年の記事ですが、女子高生が居酒屋をたまり場として活用するという習慣が広がっていることがわかります。他のニュースでも、女子高生以外にも家族連れの利用が増えているなど、居酒屋に関する新しい習慣トレンドを見つけることができました。

もちろん、重要なのはこうした習慣トレンドを受けて、どのような対

策を考えるかです。例えば、あなたが居酒屋を経営する立場であれば、女子高生や家族連れにウケるメニューの検討などをするべきかもしれません。もし、この習慣トレンドに気づかずに、これまで通りビジネスパーソンを意識したメニューだけを提案していくと、知らず知らずのうちに時代遅れな居酒屋となり、ビジネスチャンスを失うことにつながってしまうかもしれません。

このように、習慣トレンドを捉えることは、居酒屋＝ビジネスパーソンがお酒を飲む場所といった<u>当たり前の認識から離れ、変わりゆく時代に合わせてアップデートをしていく</u>上でも、とても重要なことです。

古い常識と今の常識とのギャップ

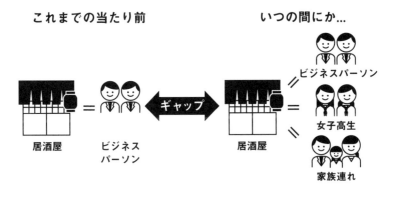

POINT　古い常識でつくった商品と今の常識とのギャップを埋める。

Prediction 習慣を予測する	# 習慣トレンドとは？④ **習慣トレンドが変わる4つの起点**

習慣トレンドは、どのようなときに変わるのでしょうか。習慣トレンドを捉える上で、習慣トレンドの起点にどのような要因が潜んでいるのか？を知ることで、敏感に変化に気づきやすくなります。ここでは、具体的な捉え方を説明する前に、習慣トレンドの起点となりやすい4つのパターンをそれぞれ説明します。

(1) 海外起点

1つ目は、海外から輸入された習慣が日本で広がるパターンです。例えば、スーツにスニーカーを履いて通勤する習慣や、香る柔軟剤を使う習慣、最小限のもののみで暮らすミニマリスト習慣、QRコードで決済する習慣などが海外から日本に輸入されました。最先端の文化から生まれた習慣が輸入されることもあれば、国が急発展する中で生まれた習慣が輸入されるケースもあります。これらに共通するのは、日本と大きく差がある環境で生まれた習慣であるということです。遠く離れた異国で生まれるからこそ、日本の当たり前をひっくり返すだけのインパクトをもつのです。

一方で、輸入されてもあまり広がらない習慣もあります。それは住環境や日本人特有の国民性など、日本の文化にマッチしないケースです。習慣よりもさらに根強い「文化」に影響されることで、習慣が広がらなくなるのです。

(2) ビジネスモデル起点

2つ目は、新しいビジネスモデルの広がりにともない、習慣トレンドが変わるパターンです。例えば、サブスクリプション型のビジネスモデルが広がり、映画やドラマが見放題の動画視聴サービスが増えました。結果として、通勤中など外出中に気軽に動画を視聴する習慣が広がりました。このように、ビジネスモデルの変化は、商品やサービスのあり方に変革を起こし、新しい生活者の体験を生みます。結果として、これまでになかった習慣が広がることになるのです。その他にも、シェアリング型のビジネスモデルなども、多くの習慣に変化を及ぼしています。

このパターンでは、新しいビジネスモデルが生まれたとき、そのモデルが自社の商品やサービスに転用できるかどうかを考えることが重要です。多少、ビジネスの知識が必要になりますが、しっかりと理解することができれば、今後どのような習慣トレンドの変化が起きるかも予測できるようになります。

海外起点とビジネスモデル起点

①海外起点

- スーツ×スニーカー
- 香る柔軟剤
- ミニマリスト
- キャッシュレス

②ビジネスモデル起点

- サブスクリプション
- シェアリング
- D2C (Direct to Consumer)

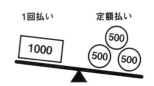

(3) テクノロジー起点

　3つ目は、テクノロジーの進化が新たな習慣を生むパターンです。例えば、スマートフォンの誕生で、SNSや動画を日常的に見る習慣が爆発的に広がりました。他にも、軍事技術を活用してつくられた自動掃除機が、掃除の習慣をガラッと変えたと言えます。歴史に残る偉大な発明は、人々の習慣を大きく変えてきたのです。

　テクノロジー起点型に注意点があるとすると、テクノロジーの発明だけで生活者が動くわけではないということです。新たなテクノロジーが実用段階に入り、生活者に受け入れられるまでには、時間を要します。多くの生活者が受け入れたあとでようやく、習慣を変える段階に至るのです。

(4) 生活者起点

　4つ目は、生活者側から自発的に新たな習慣が生まれるパターンです。これまでのパターンは、商品やサービスを提供する企業が狙って新しい習慣を広げる形でしたが、このパターンは異なります。例えば、1990年代に最盛期を迎えたポケベルは、もともとビジネスパーソンの会社からの呼び出しツールとして開発されたものでしたが、女子高生が語呂合わせでメッセージを送り合うコミュニケーションツールとして習慣的に利用するようになり、社会全体に広まりました。

　このように、もともとの商品やサービスのターゲットとして想定されていなかった人たちが、自発的にそれらを活用する方法を発明することで、想定外の習慣が広がることがあります。日々、習慣トレンドを捉えることの重要性を象徴するパターンでもあります。

テクノロジー起点と生活者起点

③テクノロジー起点

スマートフォンで
SNSや動画を日常的に見る

④生活者起点

ポケベルをビジネス
パーソンではなく
女子高生が使いこなす

　ここで紹介した4パターンで、すべての習慣トレンド変化を説明することはできません。しかし、これらのよくあるパターンを把握し、将来の習慣トレンドの変化を予測しながら日々の情報収集を行うことで、いち早く習慣トレンドの変化を察知することができるようになります。また、習慣トレンドを捉えたときに、なぜその変化が起きたのか、自分なりに理由を考えやすくなります。

　海外からの影響、ビジネスの変化、テクノロジーの革新、生活者の意外な使い方など、習慣にとどまらない世の中のダイナミズムを感じることで、日々の情報収集が一段と楽しくなる副産物もあるので、ぜひ普段から意識してみることをおすすめします。

| POINT | 4つのパターンを意識して、いち早くトレンド変化を察知。 |

Prediction 習慣を予測する	# 「兆し習慣」をあぶり出す①
	新しい習慣をつくるための第一歩

　兆し習慣を予測することは、新しい習慣をつくるための第一歩としてとても大事です。では、まずなぜ兆し習慣を予測するのか？　具体的な例で説明します。

　糖質の摂取量を抑えた食事をとる、糖質オフ習慣について考えてみます。糖質オフ習慣は、ダイエット手法として注目を集めた2012年頃からしばらくは、習慣を実践する人が徐々に増えていく兆し習慣でした。2020年となった今では、だいぶ世の中に浸透してきたため、安定したトレンドの定着習慣と言えます。

　このように習慣トレンドを捉えるためには、「今の時点」で多くの人が実践している習慣は何かではなく、「これからしばらくの間」習慣を実践する人が増えていくのか減っていくのかといった視点で世の中を見ます。<u>"点"ではなく"線"の時系列変化に着目</u>することで、単に今人気のある習慣から連想し、今後盛り上がりそうな習慣を"予想"するのではなく、根拠をもって今後の習慣の動きを"予測"することができるのです。

　では、今後盛り上がりそうな兆し習慣を予測することには、どのような意味があるのでしょうか？　コンビニエンスストアは、糖質オフダイエットを実践する人に人気のサラダチキンという商品のラインナップを拡充し、それまで以上に糖質オフメニューとして選んでもらうという作

戦を実行しました。他にも、惣菜の成分表示に糖質量を明記するといった工夫もしています。こうした取り組みの結果、糖質を気にしながらもさまざまなメニューを選択できることから、糖質オフダイエットをする人の中で、コンビニのご飯を購入することが習慣として広がったのです。

　このように、習慣トレンドを捉え、兆し習慣に便乗する形で、新しい商品やサービスを開発したり、既存商品の魅力の伝え方を変えたりすることで、習慣を実践する人の支持を得られ、自然と商品やサービスを利用する人が増えていきます。兆し習慣の波に乗ることで、大きなビジネス成果につながるのです。

兆し習慣に乗る

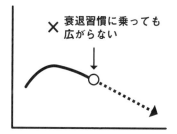
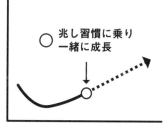

POINT　兆し習慣の波に乗り、一緒に成長していく。

Prediction
習慣を予測する

「兆し習慣」をあぶり出す②
「兆し習慣」をあぶり出すのに使えるツール

　世の中にあるさまざまなツールを使いこなすことで、効率よく習慣トレンドを捉えることができるようになります。私たちが普段活用しているツールをまとめて紹介します。誰でも簡単に利用できるものなので、ぜひ試してみてください。

(1) ネットやテレビのニュース

　多くの場合、ニュース経由の情報収集がベースとなります。特に、専門メディアや特集など、記者が取材を重ねることで世の中の潮流を捉えている記事に注目すると、効率よく情報を集められます。

　気になる習慣を見つけたら、単純に今どのように語られているかだけでなく、過去の時点からのニュース件数の変化などを追うことで、その習慣がいつから盛り上がっているのかといった変化を確認することができます。

(2) SNS

　検索機能を活用したり、特定のテーマについて投稿頻度の高いアカウントから継続的に情報を収集します。SNSについても、単純な投稿内容だけでなく、投稿数の変化や「いいね！」の数などを確認することで、実際にその習慣がどのくらい盛り上がっているのかを確認することができます。特にTwitterは、リツイート状況などを確認できる無料ツールもあるので分析しやすいです。

(3) レビュー

商品やサービス利用者のレビューの中から、新しい習慣が見つかるケースもあります。ECサイトの商品レビューやレビュー数の推移なども大いに参考になります。

(4) Google Trends

Google Trendsは、ある単語がGoogleの検索エンジンでどの程度検索されているかの時系列推移をグラフで見ることができるツールです。習慣を実践する人が検索しそうな単語の検索数を追うことに活用します。例えば、下の図は「糖質オフ」という単語の検索数の推移を示したグラフです。2014年頃から2019年にかけて、徐々に検索数が増加していることが読み取れると思います。「検索数の増加＝習慣の広がり」と捉えることで、実際に習慣が成長トレンドにあるのか？ いつ頃から成長してきたのか？といった確認をすることができます。

Google Trends

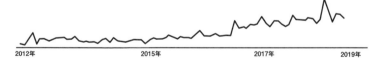

2012〜2019年「糖質オフ」の検索数推移（Google Trendsより）
2014年以降右肩上がりに増加。世の中に浸透してきたことがわかる。

> POINT　無料のツールをフル活用する。

| Prediction 習慣を予測する | # 「兆し習慣」をあぶり出す③
3つの視点で情報を集める |

さて、ここからは、成長トレンドを捉え、兆し習慣を予測するための具体的な方法についてお伝えします。

先ほど説明した通り、習慣トレンドを捉えるためにチェックするのはテレビやネットで流れている日々のニュースなど、誰でも見ることができるものです。とはいえ、ただ漠然と情報を集めるだけでは習慣トレンドを捉えることはできません。効率的に情報を集めるためには、以下の2つの方法を意識することが必要です。

a. 3つの視点をもつ
b. 継続して観察する

a. 3つの視点をもつ

まずは、情報を集めるために、どのような視点で追っていくべきか決めておきましょう。視点を定めないまま情報を集めると、もともと関心をもっていた狭い範囲の情報しか集まりません。かといって、集められる範囲には限界がありますし、やみくもに集めようにもそもそもどんな情報を集めるべきか判断できません。では、どのような視点を意識するべきでしょうか？

おすすめは、3段階に区切った視点で情報を集めることです。自社の商品やサービスが所属する小カテゴリー、範囲を広げた大カテゴリー、関連するライフスタイルという視点です。例えば、ジュースについての兆し習慣を探すには、ジュース（小カテゴリー）、飲料（大カテゴリー）、食事/買物/健康etc.（ライフスタイル）といった3段階の視点を意識すると、バランスよく情報を集めることができます。

　例えば、自社と競合のジュースについて、商品名でニュースを検索したり、商品レビューやSNSを確認することで小カテゴリー視点の情報を集められます。「飲料」などの大カテゴリー視点の情報やライフスタイル視点の情報は、各専門メディアやマーケティング情報に特化したメディアを見ることをおすすめします。

3つの視点であぶり出す

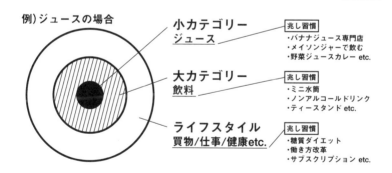

| POINT | 「兆し習慣」は、3つの視点で「量」を集める。 |

Prediction 習慣を予測する	「兆し習慣」をあぶり出す④
	テーマを決めて、継続して情報を集める

b. 継続して観察する

　習慣トレンドを捉える上で、たまに情報を集めるだけでは、なかなか中期的な変化を感じ取ることができません。継続して観察するからこそ、「線の時系列変化」である習慣トレンドを捉えることができるのです。具体的には、自社の商品やサービスと関連あるテーマを、前ページで紹介した小カテゴリー／大カテゴリー／ライフスタイルの3つの視点を意識して継続して観察していくと、習慣設計に活用できる兆し習慣が集まっていきます。繰り返しになりますが、大切なのは、ジュースならジュースという小カテゴリーに限定しないことです。一見ジュースとは関係ないような健康、食生活、ファッション、ターゲットなどの周辺の習慣トレンドも継続的に集めるといいでしょう。徐々に商品との意外なつながりを感じはじめるはずです。

　また、継続して観察することは、ブームとトレンドを見極めることにも役立ちます。点ではなく線で情報を集めることで、短期的なブームとしての盛り上がりだけで下火になったのか？　中期的なトレンドとして盛り上がり続けているのか？を見極めることができるのです。例えば、糖質オフも一度話題になった時点では、目新しいダイエット手法としてニュースに取り上げられ、短期的なブームになっただけかもしれません。実践する人が増え続け、複数メディアで取り扱われてきたからこそ、中長期的に継続する成長トレンドと言えるようになったのです。

では、具体的にはどのくらいの頻度で情報を集めるべきなのでしょうか。理想は毎日、少しずつでも情報を集めることが望ましいです。高頻度で情報を集めることで、それぞれのトピックごとに普段どの程度の情報が世の中に発信されているかといった感覚が培われます。逆に言うと、普段通りではない異常な動きにいち早く気づくことができるようになります。

　毎日ニュースを見ることはもちろん、SNSにも、ある領域についてのトレンド変化に敏感なアカウントがあるため、特定のアカウントを見続けることで、最新の習慣トレンドの変化に気づきやすくなります。また、変化が起きてから時間が経過していそうなトレンドについては、Google Trendsで過去の検索傾向をさかのぼることで、時系列変化を捉えることができます。

点ではなく線で捉える

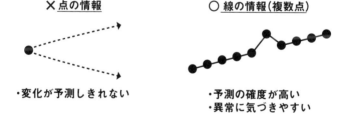

✕ 点の情報	○ 線の情報（複数点）
・変化が予測しきれない	・予測の確度が高い ・異常に気づきやすい

POINT　「毎日の観察」で、変化を捉える。

Prediction 習慣を予測する	# 「衰退習慣」からスイッチ
	衰退習慣から兆し習慣にスイッチする

　ここまで、兆し習慣を予測する方法について説明してきました。兆し習慣を見つけたら、その裏にある「衰退習慣」も予測しましょう。そもそも、なぜ兆し習慣だけでなく、衰退習慣を予測する必要があるのでしょうか？

　農林水産省の発表した『平成30年度 食育白書』[20]では、若い世代で、朝食をきちんと食べる人が減ってきていると報告されています。つまり、朝食習慣が衰退トレンドにあるということです。衰退の理由はいくつかありますが、朝食を食べたいと思いつつも、「寝る時間を削りたくない」「時間がない」など、忙しい朝の時間帯に食事をする時間がとれない人が多いようです。そうだとすると、朝の忙しさの中でも、短時間で食べられて栄養も十分に摂れる食品であれば、毎日の朝食として食べてもらえるようになるかもしれません。

　このように、人が離れやすくなっている衰退習慣に着目することで、逆に新しい習慣が広がりやすいシチュエーション（時間・場所）やターゲットに目星をつけることができるのです。この衰退習慣から兆し習慣へのスイッチの流れを考えられるようにすることが、衰退習慣を予測する理由です。朝食離れのような大きなテーマ以外にも衰退習慣から兆し習慣へのスイッチの例は、数多くあります。

例えば、働き方改革の影響で会社の夜の飲み会が減ったことで、ランチ会が増えているのも、衰退（飲み会）から兆し（ランチ会）へのスイッチです。子どもが友達の家で遊ぶことが減り、オンラインゲームで遊ぶことが増えたことや、若者がWebサイトを検索せずにSNSで検索をすることなどもスイッチの例と言えます。<u>メディアで「若者の○○離れ」や「今どきのビジネスパーソンは△△から××の時代へ」などと報じられていたら、衰退習慣と捉えることができます。</u>

兆し習慣の裏にある、衰退習慣から兆し習慣へのスイッチが見込めるかを考えることで、どんな人が動くのか？をイメージしやすくなります。

習慣のスイッチ

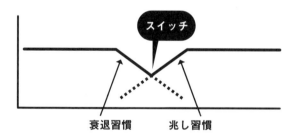

例）友達の家で遊ぶ子ども ▶ オンラインゲームで遊ぶ子ども

POINT　兆し習慣の裏に、どんな衰退習慣があるのか？

Prediction 習慣を予測する	# 「習慣インサイト」を探る①
	兆し習慣の「解像度」を高める

　世の中全体を見るマクロな視点で捉えた「兆し習慣」の波に乗り、商品を「習慣化」させるには、個々の兆し習慣をミクロな視点で深掘りし「習慣インサイト」を探る必要があります。例えば、ジュースについての情報を探るとバナナジュース専門店がひそかに人気を集めていることがわかったとします。それを受けてバナナジュースを発売しよう、というのはやや拙速な話です。

　習慣インサイトを深掘りするために、まずやるべきことは、さまざまな角度からの情報収集を行うことで、兆し習慣についての理解を深めることです。以下のような情報を集めるといいでしょう。

- 習慣を実践している人はどんな人か？
- どんなシチュエーションで実践しているか？
- いつから成長トレンドに入ったのか？
- なぜ成長トレンドに入ったのか？

　もちろん、これらの他にも習慣の実態が詳しくわかる情報があると、習慣化コンセプトを検討する上で望ましいです。少なくとも、いつ/誰が/どこで/何のために/何の習慣をどのように実践しているのか？といっ

た5W1Hに沿った情報は一通り揃えましょう。

兆し習慣を詳細に捉えるために必要となるのは、情報源を複数もつことです。ニュースの中で、複数のメディアで類似トピックがとりあげられていないかをチェックすることはもちろん、友人やSNSの投稿などから、追加の情報を集めることも有効です。

引き続き「糖質オフ」の例で考えてみると、一度どこかのニュースで取り上げられているのを目にしたら、SNSで「糖質オフ」と検索することで、例えば若い女性はもちろん、中年男性も取り入れている実態が発見できるでしょう。他にも、朝より晩ご飯で実践されがちなことや、糖質オフのお菓子が増えていることなども見えてくるはずです。このように、複数視点で見ることで、兆し習慣の解像度が上がり、理解が深まっていくのです。

「兆し習慣」を複数の視点で見て解像度を上げる

POINT　兆し習慣を複数視点で調べて、情報の「質」を高めていく。

Prediction 習慣を予測する	# 「習慣インサイト」を探る②
	兆し習慣を「実践する人」を観察する

　複数の情報源で情報を集めることで、兆し習慣への理解は深まっていきます。しかし、それだけでは習慣インサイトにたどり着きません。習慣を実践する「N＝1（1人ひとり）」について、ここでも「時系列」を意識して徹底的に観察しましょう。

　ニュースやSNSには、習慣を続ける本質的な理由＝習慣インサイトは、言語化されていません。だから、観察して自分なりに推測するしかないのです。かといって、いつ、どこで習慣が実践されているかという情報だけでは、本質的な理由を解き明かすことは難しいです。だから、「1人ひとり」がなぜその習慣を続けているのかを「時系列」で観察することが、最善の方法だと考えます。

　では、「時系列」で観察するとはどういうことでしょうか？

　習慣は結婚をしたり、就職したり、何かしらのきっかけでスイッチするもの。つまり、習慣を時系列で見ると、なぜその人が習慣をはじめるようになったのかが、浮き彫りになってきます。また、習慣を行う前後にも、きっかけがあったり、ご褒美があったりします。土日の午前中にジョギングをして、その後お昼にビールを飲む人もいるでしょう。習慣の前後には、影響を及ぼしている重要な要素が隠れているのです。だから、ある商品を買った理由であれば、値段や商品特徴のどの要素かがわかれば十分ですが、習慣を続けている本質的な理由は、「時系列」を意識

して観察する必要があるのです。

例えば、糖質オフを続けている人をSNSで観察する場合を考えてみます。SNSでの糖質オフに関する投稿をただ眺めているだけでは、いつ、どのような人が実践しているかといった情報までしか得られません。そこで、糖質オフを実践するある1人の男性のタイムラインを追いかけてみます。すると、どうやら恋人に太っていると指摘されたのをきっかけに、糖質オフをはじめたことがわかってきました。糖質オフを続けると、脂肪が減り、これまで埋もれていた筋肉がうっすら見えてきたことで、恋人に褒められたようです。このように、「時系列」で観察すると、習慣をはじめたきっかけややりがいが浮き彫りになり、習慣インサイトが見えてきます。

「N=1」を時系列で観察する

例）糖質オフを続けるある男性の場合

POINT 「N=1」を時系列で観察する。

Prediction 習慣を予測する	# 「習慣インサイト」を探る③
	兆し習慣を実践する「N=1」を観察するツール

「N=1（1人ひとり）」を時系列で観察するには、どのような方法があるでしょうか？　ツールと活用方法を説明します。

(1) SNS

1つ目は、先ほどの例でも取り上げたSNSを活用することです。特にTwitterやInstagramなどの日常の何気ない出来事を投稿することの多いサービスで、習慣を実践している人を見つけ出し、その人のタイムラインを追いかけることが有効です。中には、直接連絡を取り合うことができる友人が習慣を実践しているということもあるので、そういった場合は直接会って、習慣をはじめたきっかけや普段どのように習慣を実践しているのかなどじっくり聞いてみましょう。

(2) 現場（店頭）観察

事前に許可を取って、店頭やサービスを提供する現場を観察することも有効な手段の1つです。店頭の場合、ポイントになるのは対象となる商品の売り場の「前後の行動」も観察することです。例えば、サラダチキンを買う場合、サラダチキンの売り場だけでなく、お店の入口から出口までの一連の行動を観察します。スイーツを手に取って成分表示を眺めたものの、あきらめた表情で棚に戻し、最後に手に取ったのがサラダチキンかもしれません。

(3) ビッグデータ

　1人を深く見るという話になると、数値的なデータを見ることが蚊帳の外に置かれがちですが、じつはデータから1人を深く観察することも可能です。例えば、ユーザーから許可を取り、サラダチキンを定期的に買っている人の購買データを時系列で見てみます。サラダチキンを買いはじめたタイミングに、同時にトクホ飲料も買っていました。はじめたきっかけは、やはりダイエットだったようです。しばらくすると一緒におにぎりを買いはじめ、糖質オフへの飽きが見えてきます。しかし、さらにしばらくたって、サラダチキンと小さいお菓子を一緒に買うようになってからは、その組み合わせが続きます。小さなお菓子でプチ解放することで、ストレス少なくサラダチキン習慣が定着したのでしょう。このように、大量のデータを統計的に処理するのではなく、特定の人のデータを眺めると習慣インサイトが見えてきます。

「N=1」を観察するツール

①SNS
1人のタイムラインを
追いかける

②現場(店頭)観察
売り場だけでなく
入口から出口まで眺める

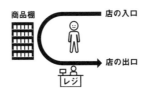

③ビッグデータ
1人の購買データや
行動データを追いかける

POINT 　行動の「前後」に、ヒントが隠れている。

Prediction 習慣を予測する	# 「習慣インサイト」を探る④ 兆し習慣をグルーピングし「習慣インサイト」を見立てる

　個々の兆し習慣について、それを実践する人のイメージが浮かび上がってきたら、複数の兆し習慣のグルーピングを行い、「習慣インサイト」を見立てていきます。

　なぜグルーピングをする必要があるのでしょうか？　例えば、糖質オフを行う理由だけを探ると、糖質オフにしか通用しない特殊な結論に偏ってしまう可能性があります。だから、商品やカテゴリーを越えた兆し習慣をグルーピングすることで、より本質的な習慣インサイトにたどり着きやすくなるのです。

　では、糖質オフ習慣とレコーディングダイエット習慣をグルーピングした場合を考えてみます。糖質オフは、これまでのような過度な食事制限は必要なく、お肉や魚などはたくさん食べてもいいダイエット手法として人気です。一方で、レコーディングダイエットは、日々の食事量などを記録し、栄養の偏りなどの太る原因を明確にすることで、心や体に必要以上の負担をかけることなく痩せることのできるダイエット手法として人気です。例えば、これらの2つの習慣は、「運動せずに手軽に痩せる習慣」と括ると、新習慣を考える上でさまざまな商品やサービスと組み合わせることができそうです。このように、自社の商品やサービスと組み合わせられるレベルまで習慣インサイトを整えることこそが、グルーピングする理由です。

グルーピングをする際には、共通する習慣インサイトでまとめます。糖質オフ習慣もレコーディングダイエット習慣も、「運動せずに痩せたい」という人々の「心のツボ」を刺激したという共通点がありましたが、この共通するインサイトが本質的であればあるほど、この後にやる習慣化コンセプトが強くなります。ただ、考える際に、あまり構えすぎると時間がかかってしまうので、まずは大胆にグルーピングしていき、徐々に精度を高めていきましょう。

なお、兆し習慣を例にとって説明しましたが、グルーピングの考え方は兆し習慣も衰退習慣も共通します。衰退習慣の場合は、人々がその習慣から離れてしまった理由の共通点を考えることで、グルーピングを行います。

グルーピング例

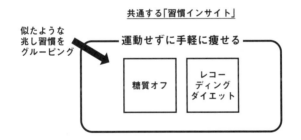

| POINT | 複数の兆し習慣を束ねることで、本質的な習慣インサイトにたどり着く。 |

ターゲットを決める

Prediction
習慣を予測する

リアリティのあるターゲットを設定する

　習慣インサイトを考えるときは、誰を狙うか？＝ターゲットも同時に決めていきます。習慣インサイトとターゲットを行ったり来たりして考えるイメージです。その際、単純に性別や年代で決めるというよりは、新習慣を実践してほしい人がどんな人なのか、どんな生活を送っていて、どんな趣味嗜好があるのか、また、対象となる商品やサービスについてどのように思っているのか、など人となりがわかるレベルにまで設定することが重要です。

　ここで大事になってくるのが「リアリティのあるターゲット設定」です。机上の空論ではなく、「あー、そういう人いるよね！」と周囲の人の共感を得るようなターゲットを設定しましょう。「リアリティのあるターゲット設定」をするにはコツがあります。それは「実在する人物に置き換える」ということです。例えば、ターゲットを20代のOLと設定したとしても、人によって想像する人物像が異なるでしょう。バリバリのキャリアOLと、仕事よりプライベート時間を重視するOLとでは、習慣化コンセプトがガラッと変わってきます。そんな状況を打開するには「実在する人物に置き換える」のが、チーム内の共通認識をもつ上で、とても手っ取り早いのです。

　「実在する人物に置き換える」と言っても、いくつかのパターンがあります。例えば、誰しもが知っているタレントや著名人をターゲットに設

定してみてはどうでしょう？　タレントや著名人は個性の塊なので、こんなことは絶対にやらなそうとか、逆にやりがちとか、チーム内での共通認識をもちやすいです。

　会社の同僚に置き換えてもいいでしょう。A部長は今回の習慣の対象ではないけれど、B課長はまさにど真ん中。B課長は毎日のようにランニングをしていて、お酒を控えているけど、結構甘いものは好きとか、具体的な行動パターンを描きやすいです。

　また、友達や家族などより身近な人を設定してもいいでしょう。例えば、20代向けに新しい習慣をつくろうという話になったとき、具体的に20代の友達を思い出してみてください。A子さんは不動産会社に勤めていて、お酒を飲むとちょっとおじさんみたいになるけど、B子さんは外資系勤めで、お酒も飲まないし、ヨガにハマっている今どきの女子など、全く異なる人物像が描けると思います。

　「リアリティのあるターゲット設定」をすることは、難しく感じるかもしれません。ただ、ここで描いたターゲットは、最終的に自分たちの商品やサービスを利用してくれる人です。どんな人に商品やサービスを届けたいかを想像しながら、楽しんで設定してみてください。

POINT 「実在する人物」に置き換える。

もし企業が当初の競争優位を

持続させたいということになると、

それを顧客の「選択」ではなく「習慣」に向かわせる

アイデアに投資しなければならない。

アラン・G・ラフリー（元P&G　CEO）

CHAPTER

4

Addiction 1

習慣を設計する

| Addiction 1 | # Addictionをつくる |
| 習慣を設計する | **「つい無意識にやってしまう習慣」を設計する** |

　前章では、習慣トレンドを探索して可能性のありそうな「兆し習慣」を選定。そしてその「兆し習慣」から「習慣インサイト」を探り、どのような「ターゲット」を巻き込んでいくのかを考えてきました。本章では、これらをふまえてどのように持続性、中毒性のある習慣という行動に落とし込むかについて見ていきます。

　「中毒性」というと少し危険な匂いがするかもしれませんが、ここでいう「中毒性」というのは、<u>ついつい毎回無意識のうちにやってしまう状</u>態にすること。例えば、夜寝る前には歯磨きをしないと落ち着かない。朝起きたら必ずコーヒーを淹れる。これらはすべて、深く考えてから「やろう！」というよりは、毎日無意識的に行われているものです。今回の「Addiction」では、まさにこのような無意識的で中毒性をもった習慣の設計を目指します。

　「Addiction」は、大きく3つのステップに分かれます。

(1) 習慣化コンセプト

　Predictionで探った「習慣インサイト」に応える形で「習慣化コンセプト」を考えます。新習慣によって、どのような世界を実現できるか？という大きな方向性を考えます。今までの習慣の当たり前を疑い、どう新しい世界をつくるかが重要なポイントです。

(2) 習慣化ループ

新習慣で、ターゲットに具体的にどのような行動をしてほしいのかを設計します。習慣は一度だけでなく継続してやり続けることに意味があるので、くるくると回り続ける「ループ」という考え方を取り入れています。

(3) 習慣化4Pアクション

新習慣を世の中に広めていくための活動を4P (Product, Price, Place, Promotion) の視点で検討します。単純な広告活動だけではなく、商品自体や売り方まで変えることも視野に入れて幅広く考えていきます。

これらについて、次節以降詳しく見ていきます。

Addictionの3ステップ

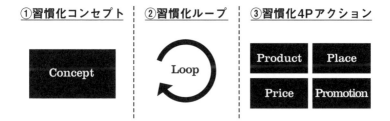

| POINT | コンセプト/ループ/アクションの3ステップで、習慣を設計する。 |

| Addiction 1 習慣を設計する | # 習慣化コンセプト①
「Ａ（現状）からＢ（理想）へ」を考える |

　ここからは、いよいよ新習慣の中身を考えていきます。その最初のステップが「習慣化コンセプト」の検討です。

　コンセプトという言葉はさまざまな場面で使われますが、人によって解釈が異なり、曖昧なまま使われることが多い印象です。ちなみに辞書で「コンセプト」を引いてみると、「概念や観念の意」と、こちらも抽象度の高い定義が記されています。そこで本書では、「習慣化コンセプト」を「新習慣で実現したい理想の世界」と定義します。商品やサービスを通じて生まれる新習慣の前後で、世界の何が変わるのか？を重要視しています。もっと踏み込んで言うと、「Ａ（現状）からＢ（理想）へ」と何をどのように変化させるのかを明確にすることが、「習慣化コンセプト」の役割です。

　コンセプトについて理解を深めるため、具体例で考えます。現在、社会に浸透しつつある音楽のサブスクリプションサービス。先ほどの定義で考えると、音楽のサブスクリプションサービスの習慣化コンセプトは、「好きな音楽を、曲数やお金の制約なくいつでも楽しめる世界」になります。今までの音楽は持ち歩ける曲数に制限があったり、好きな音楽をすべて手に入れようと思うと膨大なお金がかかっていました。しかし、サブスクリプションサービスがあることで、持ち歩ける曲数の制限なく、しかも定額制でいくらでも音楽を楽しめる全く新しい世界ができ

たのです。音楽のサブスクリプションサービスは、そのサービス内容自体も革新的でしたが、現状から理想の変化の度合いが大きく、共感度も高かったため、グローバルな規模で人々に受け入れられたのです。

このときに重要なのは、「こんな理想の世界があればきっと世の中はもっと良くなる」という想いをもつこと。習慣をつくっていくのはとても根気のいる作業ですし、ときにはなかなか思うように進まず、くじけてしまいそうになることもあります。しかし実現したい世界への想いをしっかりともつことで、折れない気持ちをもつことができますし、その世界を一緒につくろうと賛同してくる人も出てきます。そういう意味で、「習慣化コンセプト」の設定で一番大切になってくるのは、自分自身が思い入れのもてるものになっているか？ということなのです。

発想するスタンス

「A(=現状)からB(=理想)へ」を考える

今の世界　　　　　　　理想の世界

| POINT | 「こんな理想の世界があれば、世の中はもっと良くなる」という想いをもつ。 |

習慣化コンセプト②

Addiction 1
習慣を設計する

強い習慣化コンセプトをつくる方法

習慣化コンセプトとは「新習慣で実現する理想の世界」と説明しました。でも、実際にそれを言語化するのは、実に難しい作業です。コンセプトのつくり方だけで一冊の本が書けるほど。ここでは、極力シンプルに強い習慣化コンセプトをつくる方法を説明します。

まずは、Predictionであぶり出した「習慣インサイト」をもとに考えはじめます。例えばあなたが新しいスマホアプリをつくるとします。前章で「運動せずに手軽に痩せる」という習慣インサイトが見つかりましたが、そこから「(運動せずに)見るだけで痩せるダイエットアプリ」というコンセプトを考えつきました。さっそく検索してみると、「見るだけで痩せる動画」や「見るだけで痩せるとうたった本」などがありました。可能性がありそうです。次に、自社らしさを探ります。所属する会社がアプリだけではなく動画制作も得意だったとしたら、コンセプトを「≪動画≫を見るだけで痩せるダイエットアプリ」にチャレンジしてみてもいいでしょう。

ここまできて、ビジネス化の芽がありそうなら、次のステップの習慣化ループを描いてしまいます。具体的にどんなタイミングでどんなことをやってもらうかを考えることで、コンセプトを少し修正したくなってくるでしょう。例えば、朝の通勤中に10分だけ毎日見れば痩せるという習慣化ループを描いたとしたら、その要素を習慣化コンセプトにも盛り込んでみたくなると思います。

「朝通勤中に10分動画を見るだけで痩せるダイエットアプリ」という習慣化コンセプトになりました。最後に、すでに世の中にないか新規性を調べます。日本だけではなく海外の事例も調べます。もし似た事例があったとしても、それを超えるように強いコンセプトに磨き上げればいいでしょう。ただ、強くしようとして、あまり長くなると重要なポイントがわからなくなるので、なるべくシンプルに仕上げましょう。

強い習慣化コンセプトとは？

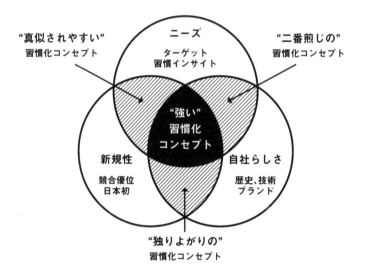

POINT　**3つの視点で磨き上げ、シンプルに仕上げる。**

| Addiction 1 | # 習慣化ループ |
| 習慣を設計する | 「習慣化ループ」の4要素を理解する |

　「習慣化コンセプト」が設定できたら、次は「習慣化ループ」を描きます。<u>「実現したい理想の世界」の中で、人々にどんな行動をしてほしいか?を具体的に思い描きます</u>。私たちは、チャールズ・デュヒッグ著の『習慣の力』[21]で提示された「習慣化ループ」を参考に、それをよりプランニングしやすい形にカスタマイズしました。「習慣化ループ」は以下の4つの要素に分かれています。

(1) きっかけ

　習慣をはじめるきっかけとなるものです。きっかけには「最初にはじめるきっかけ」と「毎回続けるきっかけ」の2種類あります。例えばジムだと、「健康診断に引っかかったから」が「最初にはじめたきっかけ」、「毎週木曜日の朝に行く」が「毎回続けるきっかけ」です。

(2) ルーチン

　きっかけの後に行われる具体的な行動です。ジムの場合は、「ランニングマシーンで走る」「筋トレをする」などがルーチンにあたります。これからつくろうとする習慣の行動そのものがルーチンです。

(3) 報酬

　習慣を行うことで得られる具体的なメリットです。ジムだと「健康的で美しい体が手に入る」などが報酬にあたります。

(4) 触媒

習慣を行っている最中に、「やっている感」や快感を演出するものです。ジムだと、「汗だくになること」は運動をしている感を演出する触媒だと言えます。

次節以降はこれらの4つの要素について細かく見ていきます。その際、具体的な事例として前出の『習慣の力』にある「歯磨き粉」の例を取り上げます。20世紀初頭の米国では歯を磨くという行為が習慣化されていない中、歯磨き粉ブランド「ペプソデント」の出現により、一気に歯磨きが習慣になったという非常に興味深い事例です。

習慣化ループ

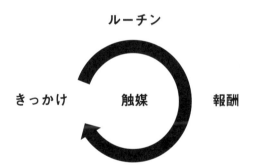

『習慣の力』(チャールズ・デュヒッグ著、講談社)より作成

> **POINT** 報酬だけでなく、きっかけ、ルーチン、触媒まで設計する。

習慣化ループ
〜きっかけ〜①

Addiction 1
習慣を設計する

習慣を「最初にはじめるきっかけ」をつくる

　習慣化ループの最初のステップは「きっかけ」づくりです。「きっかけ」には2種類あって、「最初にはじめるきっかけ」と「毎回続けるきっかけ」があります。まずは「最初にはじめるきっかけ」について説明します。

　新年になると資格取得や習い事に関するサービスのテレビCMが一斉に流されますが、これは新年を機に何か新しい習慣をはじめてみようという人々の気持ちをうまくついたタイミングだと言えます。このように、人が何か新しい習慣をはじめようと思うときには、何かしらのきっかけがあります。そのきっかけは「人生の転機」によるものと、「社会の転機」によるものの2種類に分類できます。

　「人生の転機」の代表的なものとしては、入学、就職、結婚、出産、引っ越し、病気などの生活で起きる大きな変化が挙げられます。これらは生活全体に大きな影響を与えるものであるため、そこではじまる新習慣は定着しやすい傾向にあります。これらほどインパクトの大きいものではなくても、健康診断の結果や体重の変化など、個人が自分の生活を見直すタイミングなども人生の転機に含まれます。

　次に「社会の転機」です。これは、多くの人が一様に影響を受けるものです。新年や新年度のタイミング、法制度の変化や自然災害、スマート

フォンなどの技術革新もこれにあたります。増税のため家でご飯をつくる習慣が増えたり、働き方改革の推進によって夕方の時間帯に新しい趣味をはじめたりなどは、社会の転機をきっかけに生まれた習慣です。

歯磨き粉の例でいうと、20世紀初頭の米国には歯を磨く習慣がなく、虫歯が蔓延したため、口腔衛生に対する意識の低さが国家的な問題だと政府が公式見解を出したほどでした。この政府の注意喚起によって、米国中で口腔衛生に関する問題意識が高まったことは歯磨き習慣が広がる1つのきっかけだったと言えるでしょう。

歯磨き粉の習慣化ループ

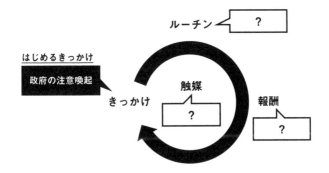

POINT 「人生の転機」と「社会の転機」に習慣はスイッチしやすい。

Addiction 1 習慣を設計する	習慣化ループ ～きっかけ～ ② 習慣を「毎回続けるきっかけ」をつくる

前節では、習慣を「最初にはじめるきっかけ」を見てきました。本節ではその習慣を「毎回続けるきっかけ」について見ていきます。

ジム通いを習慣にしている人は「木曜日の朝に行く」「ストレスを感じたら行く」など、タイミングやシチュエーションを決めている人も多いのでないでしょうか？　これこそが毎回の習慣のきっかけです。このようなきっかけにはいくつかのパターンがあり、前述のチャールズ・デュヒッグ氏は『習慣の力』で下記のように分類しました。

① 場所

　電車に乗ったとき、仕事中デスクに座っているとき　など

② 時間

　朝起きた瞬間、木曜日の夜　など

③ 心理状態

　ストレスを感じたとき、飽きを感じたとき　など

④ 自分以外の人物

　友人といるとき、家族といるとき　など

⑤ 直前の行動

　運動後、夕食を食べた後　など

習慣化ループを検討する際、これからつくる新習慣が人の生活の中でどのようなきっかけでスタートするのかを設計しておくことが大切です。また、「朝起きた瞬間」「木曜日の朝」などと<u>周期化すると、習慣が定着しやすいというメリットもあります。</u>

歯磨き粉の場合は、「朝起きてすぐ」「夜シャワーを浴びた後」など人によってさまざまなきっかけがありますが、20世紀初頭は口腔衛生の状態が良くなかったため、ペプソデントは「歯に膜を感じる（歯がヌルヌルする）とき」に歯磨きをすることを推奨する広告を行っていました。「歯に膜があるかを確かめる」という直前の行動を促すことで毎回の歯磨きのきっかけをつくり出したのです。

歯磨き粉の習慣化ループ

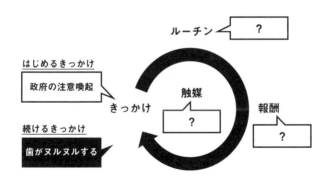

POINT 「周期化」すると習慣が定着しやすい。

Addiction 1 習慣を設計する	# 習慣化ループ〜ルーチン〜 「どんな行動をしてほしいか」を考える

習慣化ループの2つ目は「ルーチン」です。実際にターゲットにどのような行動をしてほしいのかを設計します。

みなさんが毎日無意識にやっている習慣は何でしょうか？　朝起きてカーテンを開ける、顔を洗う、寝る前にコップ一杯の水を飲む。これらの行為が無意識的に行われ続けるには大切な条件があります。それはその行動が複雑すぎたり大変すぎず、シンプルで手軽なことです。著書『小さな習慣』[22]でスティーヴン・ガイズ氏は、腕立て伏せを習慣化する際に、1日100回という高い目標設定ではなく、1日1回と目標を極端に小さくすると習慣が定着しやすくなると説いています。調子のいいときは1回よりも多くして、お酒を飲んで帰ってきても1回やればいいので結果的に毎日続くのです。ハードルを極端に下げることは習慣を長持ちさせるコツです。

(1) 単位を小さくする

一度にやらなくてはならないことの単位を小さくします。「腕立て伏せ1日1回」はまさに単位を小さくする工夫です。

(2) アクセシビリティを上げる

ある習慣をするとき、遠くまで行かなくてはならなかったり、時間帯などが限定されてしまうと途端にハードルは高まります。最近24時間営

122

業のジムが人気を集めていますが、これもアクセシビリティを上げる工夫の1つです。

(3) 低コスト化する

ある習慣を行うとき、コストがかかりすぎるものは習慣化されにくくなります。健康食品などが、「1日○○円の健康習慣！」と宣伝するのも1回あたりの低コストをアピールする手法の1つです。

歯磨き粉も、ルーチンは「歯磨き粉をつけて歯を磨く」という非常にシンプルなもの。このように<u>ルーチンは、今までの生活を極力変えることなく、取り入れやすいものにすることがポイント</u>です。

歯磨き粉の習慣化ループ

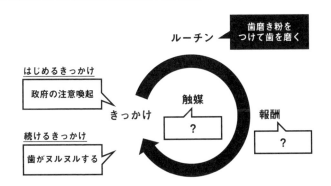

POINT 習慣を続けるコツは、「極端に」ハードルを下げること。

Addiction 1
習慣を設計する

習慣化ループ〜報酬〜①
「なぜその習慣をやっているのか?」を考える

　習慣化ループの3つ目は「報酬」です。報酬は、ルーチンを行ったことで得られるメリットです。自分の限りある時間を消費して定期的に行う習慣には何かしらのメリットがないと続かないため、報酬の設計は非常に重要になります。前述のスティーヴン・ガイズ氏も、ルーチンと報酬は常にセットで考えられるべきと述べています。

　<u>報酬は言い換えると、「なぜその習慣をやっているのか?」と聞かれたときに人が答える理由</u>です。ジムに通っている人ならば「体重が減ったり健康的になれるから」。家計簿をつけている人ならば「節約ができてお金が貯まるから」。コーヒーを朝に飲む人ならば「目がシャッキリと覚めるから」。歯磨き粉を使っている人ならば「歯が美しく健康になるから」などが挙げられます。いずれも習慣をやる理由やゴールのようなものなので、この報酬が魅力的でないとそもそも習慣をはじめてもらえませんし、続けてもらうことも難しくなります。したがって、どのような報酬を用意するのかは慎重に考える必要がありますし、それが明確に伝わることが重要です。

　報酬を検討するヒントを探るために、さまざまな習慣事例を分析すると、いくつかのパターンに分類できます。その内容は次節で説明します。

　ちなみにこの<u>報酬は、時代の流れや、商品やサービスの浸透とともに</u>

124

変わっていく可能性があります。例えば、ガムが最初に登場したときの報酬は、「ガムを噛むことで口寂しさが解消される」という基本的なものでした。しかし、ガム自体が世の中に浸透していくと各社がいろいろと知恵を絞り、報酬が「お口のエチケットになる」であったり、「眠気が解消される」などに移り変わりました。また、世の中で健康志向が高まった結果、「虫歯予防になる」を報酬としたガムも登場しました。このように、一度報酬を設定したとしても、社会や市場の変化を見て、定期的にメンテナンスしていくことも大切です。

歯磨き粉の習慣化ループ

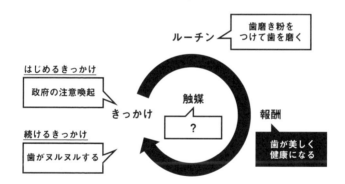

POINT　報酬は、時代の変化に合わせて「メンテナンス」していく。

Addiction 1
習慣を設計する

習慣化ループ〜報酬〜②
４種類の報酬を参考に考える

　前節では「報酬」の概要を説明しました。繰り返しになりますが、報酬が魅力的でないとそもそも習慣をはじめてもらったり、続けてもらえなくなってしまうため、できるだけ効果的な報酬を考えることが重要です。そこで、さまざまな習慣事例の報酬を分析することで、報酬を４つのパターンに分類しました。この４種類は、第２章の「習慣の４分類」と連動する形で整理しています。

(1)「成長」の報酬

　「成長の習慣」では家計簿アプリやエクササイズサービスを紹介しました。「成長の習慣」の報酬は、「お金が貯まる」「健康的な体になる」など成長がしっかりと確認できたり、目標が達成できることが大切です。成長の報酬の場合は、「お金を貯める」でも「健康になる」でも報酬を感じられるまである程度時間がかかります。そのため、少しの進捗であっても、それを実感できるような工夫が、習慣をやめさせないためには必要になります。

(2)「不満解消」の報酬

　「不満解消の習慣」ではインターネットでの商品購入や消臭スプレーを紹介しました。これらは、今ある不満を解消するための習慣なので、報酬はその不満をすぐに確実に消し去ることが大切です。インターネットでの商品購入であれば、即日や翌日配送のオプションが充実し、お店

に行く手間がかかるという不満が解消されます。また、消臭スプレーで
あれば、匂いが気になったその場で匂いを解消してくれます。このよう
な即時性や確実性が、「不満解消」の報酬には必要になります。

(3)「快楽」の報酬

　「快楽の習慣」では炭酸水やビーズクッションを紹介しました。この習
慣は文字通り「快楽」を求める習慣ですので、報酬もまた本能的に気持
ちよかったり心地いいと感じられる「快楽」が用意されている必要があ
ります。炭酸水であれば「シュワシュワの爽快感」。ビーズクッションで
あれば「触り心地のいいムニムニ感」など、頭で考えるより先に、本能的
に「気持ちいい！　心地いい！」と感じられるような報酬になっている
必要があります。

(4)「不快解消」の報酬

　「不快解消の習慣」では男性トイレの的シールや、並べると絵になる漫
画の背表紙を紹介しました。これらの習慣は理性的というより本能的な
もので、なんとなくやらないと気持ち悪いから的を狙ってしまったり、
絵柄を揃えるために漫画を買ってしまうというものです。よって、報酬
でもこれらの「なんとなく気持ち悪い」が解消される必要があります。的
に当たると音がしたり色が変わったり、背表紙を揃えるとヒミツのメッ
セージが読めるようになるなど、「なんとなく気持ち悪い」を解消した先
に満足感を得られると、強い報酬になります。

POINT	「習慣の4分類」のどこを狙うかで報酬が変わってくる。

127

| Addiction 1
習慣を設計する | # 習慣化ループ〜触媒〜
ついついやってしまう中毒性を組み込む |

　習慣化ループの最後は「触媒」です。みなさんは一度気に入った商品やサービスでも、気づけば使わなくなっていた、やめてしまったという経験はありませんか？　ジム通いは三日坊主を繰り返してしまう習慣の典型例です。ジムには「きっかけ＝金曜日の会社帰り」「ルーチン＝ジムで筋トレをする」「報酬＝健康な体が手に入る」とここまで紹介した習慣化ループの要件がすべて入っています。それにもかかわらずなぜ習慣として長続きしないのでしょうか？

　そこで私たちは強い習慣には「きっかけ」「ルーチン」「報酬」以外の別の要素が必要なのではと考えました。それは本章の最初でも少し触れた「無意識のうちについついやってしまう中毒性」のようなものです。「報酬」のように合理的なものではなく、もっと無意識的で感覚的な続ける理由が必要だと考えたのです。

　歯磨き粉の「きっかけ」「ルーチン」「報酬」は前節までで見てきましたが、私たちは歯磨き粉の「ミントの刺激」こそが、じつは歯磨き粉の習慣化に大きく貢献しているのではないかと考えました。普通に歯を磨くだけでも歯は清潔になるし、歯のヌルヌルも解消されますが、あの刺激を感じないと何となく気持ちが悪いから、「歯磨きをしている感」を感じにくいから歯磨き粉をつけるのです。この歯磨き粉の「ミントの刺激」にあたる要素を私たちは「触媒」と名づけました。「触媒」は、辞書を引くと

128

「それ自身は変化をしないが、他の物質の化学反応のなかだちとなって、反応の速度を速めたり遅らせたりする物質」と定義されています。ミントの刺激自体は「きっかけ」や「報酬」と直接の関係は薄い（刺激がなくてもヌルヌルは解消されるし、健康的な歯になる）けれど、より「きっかけ」や「報酬」を引き立てることで、中毒性のある習慣にしてくれるという意味で、「触媒」という言葉を選びました。

「触媒」は感覚的なものなので、自分で設計するのは容易ではありませんが、習慣化ループの中でも最も重要な要素の1つですので、次章で詳しく説明します。

歯磨き粉の習慣化ループ

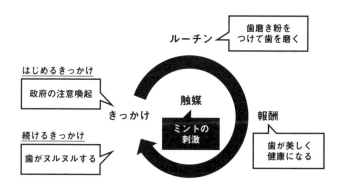

POINT　歯磨き粉の「ミントの刺激」のような「中毒性」を演出する。

「習慣化ループ」で意識すること

Addiction 1
習慣を設計する

クリステンセン教授の『ジョブ理論』

　ここまで「習慣化ループ」の具体的な中身について見てきました。冒頭にお話しした、「習慣化ループは、具体的にどのような行動をとってもらいたいのかの設計」であることが理解できたはずです。

　じつは「習慣化ループ」は、「人はなぜそれを買うのか」を新しい視点で解き明かしたハーバード・ビジネス・スクールのクレイトン・クリステンセン教授の『ジョブ理論』[23]の考え方とも通じるところがあります。『ジョブ理論』では、イノベーションを起こすためには、人が何か商品を購入するとき、その商品でどのような「ジョブ（＝用事）」を済ませたいのかに注目するべきと説いています。

　『ジョブ理論』では、「ミルクシェイク」の事例を挙げています。あるファストフードチェーンはミルクシェイクの売上を伸ばすため、ミルクシェイクについてのさまざまな市場調査を行い、フレーバーやトッピングの追加などの対応を行いましたが、効果を得られていませんでした。そこで、商品がよく売れる平日の朝に来店者を観察すると、ミルクシェイクを買う人はたいてい1人で入店し、ミルクシェイクだけを買い、車で持ち帰るパターンが多い傾向が見られました。購入者に詳しく聞いてみると、「1人で長時間車通勤するのが退屈」「ミルクシェイクは片手で飲めるし、手が汚れない」「粘度が高いので、ちびちび飲みになるため

ゆっくりと長く楽しめる」などが、数ある食べ物や飲み物の中でミルクシェイクが選ばれていた理由だったのです。つまり、「車通勤中の退屈しのぎ」が、ミルクシェイクの「ジョブ」ということになります。

そう考えると、どんなにおいしいフレーバーやトッピングの追加サービスを提供したとしても、退屈しのぎが目的の人にはあまり魅力的に見えません。むしろ効果的な対応策は「もっとボリューム感があり、粘りが強くて、味も飽きのこないものにする」だったり、「時間のない通勤時に簡単に買うことのできるブースを設置する」などになります。まさに『ジョブ理論』が唱えている、商品特性ではなく、顧客の状況や<u>顧客が片づけたいジョブに問題解決のヒントが眠っていた</u>のです。

このように、『ジョブ理論』では人が商品やサービスを購入するときにどのような行動をしているのか、それはどのような目的があって行っているのか、を詳細に観察し、把握します。これは「習慣化ループ」を考える際にも非常に大切です。<u>人はどんなときに（きっかけ）、その行動をとり（ルーチン）、何を目的にしているのか（報酬）。そしてそれをなぜついついやってしまうのか（触媒）を観察すること</u>が、切れ味鋭い「習慣化ループ」につながっていくからです。新しく習慣化ループを考える際は、デスクの上だけで発想するのではなく、新しい習慣を取り入れてほしい人たちの実際の行動を見に行くことを強くおすすめします。

POINT 顧客が片づけたいジョブに
問題解決のヒントが眠っている。

Addiction 1 習慣を設計する	# 習慣化4Pアクション 習慣を世に広めるアクションを考える

　Addictionの最後は「習慣化4Pアクション」です。習慣化ループをふまえて、それをどう広めていくのかを考えます。何かを広めるときの手法として、ついつい広告などを考えがちですが、人の習慣を根本から変えることを目指すには、広告だけでなく商品自体や売り方まで変えることも含めて幅広い視点で考えます。

(1) Product －商品やサービス自体を変える－

　新習慣をつくるために、商品やサービス自体を変える方法です。音楽のサブスクリプションサービスは、まさにサービス自体を新しく開発し新習慣を生みました。また、商品自体を変えるのは無理でもパッケージを変えることで新習慣を提案するケースもあります。例えば1週間に一度、上質な時間を過ごしてもらうという新習慣を提案したい食品や飲料は、パッケージを少し上質にすることで特別な印象を与え、「週に一度の贅沢感」を強く印象づけられます。

(2) Price －価格を変える－

　習慣化のために、戦略的に価格をコントロールする方法です。例えば自宅で使えるコーヒーメーカーは、機械自体は安く抑えたり無料キャンペーンをし、定期的に購入するカプセルで利益を得るビジネスモデルにしています。習慣をはじめる一番最初のハードルを価格コントロールによって下げ、うまく習慣の入り口をつくっているのです。

(3) Place ー売る場所を変えるー

新習慣を提案するために、売る場所を変えるという方法です。例えばグラノーラは、もっと朝食に選んでもらうべく、朝の定番であるヨーグルトと戦うのではなく、一緒に食べてもらう習慣を提案しました。そのとき、グラノーラ売り場ではなく、ヨーグルトの隣に陳列したことで、習慣が広がりました。

(4) Promotion ー広告活動を変えるー

新習慣を世の中に広めていくときに、効果的に広告活動を行っていきます。広告活動といってもテレビCMや新聞広告などだけでなく、イベントやPRなどの活動も考えられます。この点については、第6章で詳しく見ていきます。

習慣化4Pアクション

POINT 習慣は4P視点で、大胆に考える。

| Addiction 1 習慣を設計する | # 「デコン」のすすめ
「習慣設計力」を磨くトレーニング |

　ここまでAddictionのそれぞれのフェーズである「習慣化コンセプト」「習慣化ループ」「習慣化4Pアクション」を見てきました。しかし、それぞれを理解しただけではあまり意味はありません。最終的な目標はこの考え方を駆使して新しい習慣をつくることだからです。

　ただ、新しい考え方を使いこなせるようになるには時間がかかります。ここでは、より上手に「習慣化コンセプト」「習慣化ループ」「習慣化4Pアクション」を考えられるようになるためのおすすめのトレーニング方法を紹介します。

　私たちは広告会社で働いていますが、普段行っている訓練として、テレビCMなどを題材に「デコン」と呼ばれる作業を行っています。「デコン」とは「デコンストラクション」の略称で、「分解・解体」という意味があります。お手本になりそうな素晴らしい広告を1つひとつ要素分解していき、背景にどんな課題があるのか？　ターゲットは誰か？　どこが秀逸なのか？などを分析します。自分が直接関わっていないものをデコンすることで、客観的に見ることができますし、いい考えは参考にできて勉強になる上に自分の武器になり、一石二鳥です。

　また逆に、思ったような成果が出なかった広告をデコンすると、どこが課題なのかが明確になり、次に自分が同じ失敗をしないためのヒントを与えてくれます。

そこで、広告同様、このデコン作業を「習慣化コンセプト」「習慣化ループ」「習慣化4Pアクション」でやってみることをおすすめします。やり方は簡単。あなたの身の回りでいい習慣を生み出しているなと思う商品やサービスを決め、各項目に要素を記入していくだけです。そうすることで、なんとなくいいなと思っていた商品やサービスが、なぜいいのかがはっきりと見えてきます。そこで得た気づきを書き留めておき、自分で新習慣を考えるときにそのエッセンスを活用すると、より強い習慣をつくる助けになってくれます。デコンは慣れてくると、わざわざ書き込まなくても自分の頭の中でできるようになります。デコンした数だけデコン作業は楽になりますし、習慣づくりのスキルも上がるので、ぜひ数をこなしてみてください。

デコンのすすめ

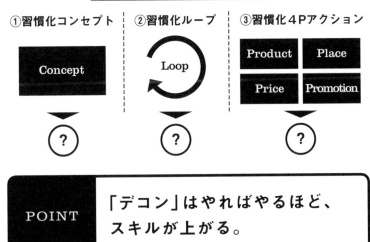

好事例を分解して学びに変える。

①習慣化コンセプト ②習慣化ループ ③習慣化4Pアクション

POINT 「デコン」はやればやるほど、スキルが上がる。

人間は合理的な動物だと言われる。

わたしはその証拠を探し続けているが、

いまだに見つかっていない。

バートランド・ラッセル（哲学者）

CHAPTER

5

Addiction 2

「触媒」の魔力

Addiction 2
「触媒」の魔力

人間は潜在意識で動いている

なぜ頭で理解しても買いたくならないのか？

　「触媒」は習慣化について語る上でとても大事な要素なので、これから
じっくり説明しますが、その前に、まずは習慣化と深く関わる潜在意識
についてお話します。

　健康診断の結果が悪かったから食生活を改善しなければと思いつつ、
つい食べすぎてしまうことがあります。人間は不合理な生き物で、頭で
考えていることと逆の行動をとりがちです。新商品のアンケート調査で
多くの人が「買いたい」と答えているのに、世に出るとあまり売れなかっ
たというケースもよく聞かれます。

　マーティン・リンストローム氏は著書『買い物する脳』[25]で、2,081人
の脳スキャンを行った実験結果を披露しています。喫煙者に対して
fMRI（脳の動きを測定する装置）をつけて、タバコのパッケージを見せ
たときの脳の動きを観察しました。健康への害を語る警告ラベルを見た
治験者が、喫煙を思いとどまると思いきや、逆に吸いたい気持ちが高まっ
たのです。頭では健康に害することを理解しつつも、心の奥では喫煙し
たいという気持ちが湧き上がってきたということです。

　脳科学の世界では、「人間の行動の90％以上が、潜在意識によって決
められたものだ」と言われています[26]。意識は、正しいか正しくないか

理性的な判断を行う一方で、潜在意識は快か不快かを基準とした感情的な判断を行います。つまり、私たちの多くの判断が、理性的ではなく、感情的に決まっているのです。

だから、頭で理解していても買いたくならないという状況が生まれます。売り手が、新発売の商品を世の中に発表するときに、ライバル商品よりも優れた機能をあれこれ説明しただけでは、なかなか生活者は動いてくれません。

商品から得られる快感だったり心地よさだったり、そういう感情を刺激し、潜在意識まで訴えることで初めて、生活者はやってみたいなと思い、重い腰を上げてくれるのです。

そして、この潜在意識に入り込み、意思に関係なく自動的に繰り返し使い続けてくれることを、習慣化と呼ぶのです。

意識と潜在意識

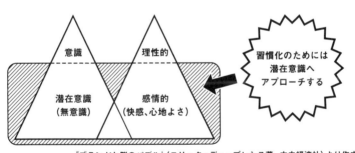

『ブランドと脳のパズル』（エリック・デュ・プレシス著、中央経済社）より作成

| POINT | 習慣化とは潜在意識を動かすこと。 |

Addiction 2 「触媒」の魔力	# ヒミツは脳の仕組み① 人間は動物脳に支配されている

　なぜ、人の頭の中には、意識と潜在意識の2つが存在しているのでしょうか。そのヒミツは、脳の仕組みにあるようです。人類が進化するのにともない、脳の領域も段階的に進化してきました。その結果、人間の脳は、原始的な部分を、進化によって生まれた新しい部分が包みこむような構造になりました。内側の原始的な部分を「動物脳」、外側の新しい部分を「人間脳」と呼ぶことでわかりやすく区分しています。

　脳の内側にある動物脳は、扁桃体や海馬などからなる大脳辺縁系を指します。本能的で反応スピードが速く、感情や直感で判断するのが特徴です。

　一方、脳の外側にある人間脳は、前頭葉や側頭葉などからなる大脳新皮質を指します。理性的で反応スピードは遅く、意識しないと働きません。この領域が人間に知性を与え、考えたり、想像したり、言語をあやつったり、計画を立てたりします[27]。

　冒頭の話に戻ると、脳の内側の動物脳が潜在意識をつかさどり、外側の人間脳が意識をつかさどっているのです。

　ここで大事なポイントがあります。早起きしようと思っても寝坊したり、ダイエットしようと思ってもケーキを食べてしまったり、人間の行動においては、動物脳のほうが人間脳に勝りがちです。その理由は、そもそも動物脳のほうが古くから働いており人間脳より強く人間の行動に

関わっているからです。さらに、脳の意識的な思考はキャパシティがかなり限られているので、隙あらば人間脳はサボってしまいます。つまり、動物脳がついやり続けてしまうことが「習慣化」の鍵となっているのです[28]。

習慣化を促す重要な要素である「触媒」が、この潜在意識をつかさどる動物脳を刺激する役割を担っています。

人間脳と動物脳

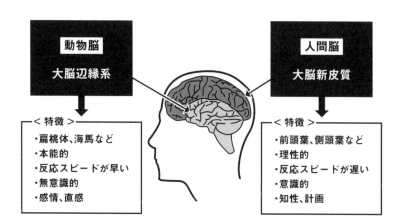

POINT　「動物脳」を刺激するのが「触媒」。

Addiction 2
「触媒」の魔力

ヒミツは脳の仕組み②
意識を繰り返すと無意識になる

　1990年代に、マサチューセッツ工科大学の「脳と認知科学研究棟」で習慣に関する研究が行われました。彼らは、動物脳が習慣に関わっているという仮説を検証するため、ラットで実験を行いました。手術でラットの頭の中に脳の活動を測る装置を組み込んで、T字型の迷路にラットを置きます。このT字型の迷路を左に曲がったところに報酬としてチョコレートを置きます。最初は右に曲がったり、左に曲がったり、立ち止まったりとラットは迷います。チョコレートの匂いをかぎながら、ラットはせわしなく動きます。そのとき脳が反応していることがわかりました。そして、実験を何百回も繰り返すと、次第にラットは迷うことが減り、ゴールにたどり着く時間も短くなっていきました。そして、脳にも変化があらわれます。最初は活発に動いていた脳の活動が徐々に低下し、無意識の行動になっていきました。ラットは、どんどん「考えなくなっていった」のです。スタートからゴールにたどり着く行動が習慣化したということです[21]。

　つまり、習慣化とはまずはあれこれ考えて意識的に行動を起こさせるけれど、それを繰り返すうちに徐々に無意識の行動にシフトさせていくことだと考えられます。例えば、帰ったら手洗いやうがいをするという習慣も、最初は意識してやりますが、毎日繰り返していくうちにだんだん意識せずに自然とやるようになります。これこそ意識的な行動から無意識的な行動へのシフトです。

先ほど第4章で説明した「習慣化ループ」で考えるとわかりやすいと思います。最初は「報酬」を得るべく、「きっかけ」から「ルーチン」を人間脳が意識的に行っています。まだこの段階は、嫌になってやめてしまったり、うっかり忘れてしまったりするので、続ける辛抱が必要です。でも、繰り返すうちに、動物脳を刺激する「触媒」（ラットの場合はチョコレートの甘い匂い）の中毒性が高まってきて、次第にそれを無意識的に欲してくる。そうすることで行動が自動化して、習慣として定着していくのです。

人間脳から動物脳へ

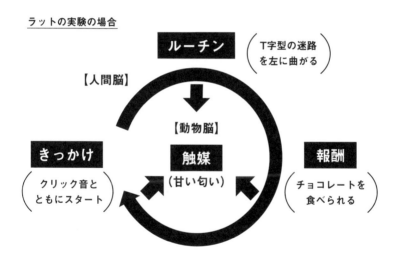

| POINT | 「人間脳」から「動物脳」への移行が習慣化。 |

Addiction 2 「触媒」の魔力	触媒とは 「ついついスイッチ」 ついついやってしまう触媒の魔力

　脳の仕組みと習慣の関係がわかったと思いますが、ここであらためて、歯磨き粉のミントに代表される「触媒」の特徴を整理します。

特徴 (1)　触媒とは、ついついスイッチ

　触媒は、習慣化にはなくてはならない要素で、無意識のうちについついやってしまう中毒性を演出するものです。いうならば「ついついスイッチ」。触媒を感じることで、このスイッチが押されて、無意識のうちにまたやりたいという気持ちが湧き上がるのです。

特徴 (2)　触媒とは、動物脳を刺激するもの

　触媒は、直感的、感情的な判断をする動物脳を刺激するものです。だから、人間に限らず、チンパンジーも触媒によって習慣化することができるかもしれません。

特徴 (3)　触媒とは、行動の最中に感じるもの

　触媒は、行動の事前や事後ではなく、最中に感じるものです。習慣化されているものを分析すると、商品そのものだったり、商品の提供方法だったり、使い方だったり、さまざまな演出が組み込まれています。だから、行動するたびに感じて、徐々にそれがクセになり、習慣化につながるのです。

特徴（4）　触媒は、報酬の演出

　触媒は、習慣化ループでいう報酬が感じやすくなる演出です。歯磨き粉の報酬は「歯が美しくなる」「歯が健康になる」ということ。でもそうなるには、時間がかかるし、1回歯を磨いただけでいきなり見違えるほど美しくなるわけではありません。だから、その効果を助長し、毎日の歯磨き体験でも報酬が感じやすくなるための触媒として「ミント」が含まれていています。

特徴（5）　触媒は、1つではなく、複数組み込むと強くなる

　ロングセラーの商品を分析すると、触媒が1つではなく、複数組み込まれているケースが見られます。歯磨き粉も、ミントだけではなく、泡立ちだったり、真っ白な色だったり、適度な粘りだったり、複数の触媒を組み込んで、五感にフルに働きかけることで、使い続けたいと感じるようになるのです。また、顧客がやみつきになる触媒を特定するのはなかなか難しいので、複数組み込んでおくと、習慣化する確率を高めることができます。

　大まかに、触媒の重要性について理解できたと思いますが、まだぼんやりしているのではないでしょうか。次節以降では、もう少し具体的に、触媒とはどういうものか、どのように生み出すのかについて、詳しく解説していきます。

> **POINT**　　　**触媒こそ、習慣化の生命線。**

Addiction 2
「触媒」の魔力

触媒をどう組み込むか？①
触媒を具現化するための演出方法の例

　ここまでで、触媒のメカニズムはある程度理解できたはずです。では、具体的にどのように商品やサービスに触媒を組み込むのでしょうか？触媒は、体験の最中に報酬をより強く感じてもらう演出なので、いかに体験をリッチにしていくかという視点で考えるといいでしょう。

(1) 原材料に触媒を組み込む

　歯磨き粉のミントや柔軟剤の香料など、直接は報酬につながりませんが、体験時に五感を刺激し、効果の実感を高めてくれる素材を加えます。効果効能だけを追い求めて合理的につくると見落としてしまう不要なものですが、この一見無駄な素材を加えるという最後のひと手間を、商品設計の追い込み段階で忘れずに意識しましょう。

(2) デジタル演出で触媒を組み込む

　これはデジタルサービスの話ですが、電子決済の決済音やデジタルカメラのシャッター音など、機能としては不要なものですが、それがあることで、体験の手ごたえや安心感が得られる演出です。もともとアナログでやっていたことをデジタルに置き換える際に、アナログでの体験における快感要素をあらためて洗い出し、それを付加するようなイメージです。

(3) パッケージに触媒を組み込む

商品リニューアルや新商品投入のときに、パッケージの形状を大胆に変えるのは、少し注意が必要です。人は慣れ親しんだ習慣を変えることに抵抗感があるので、大胆にパッケージが変わると面倒に思うもの。缶ビールやビンビールも微修正はあれども、長らく形状が変わっていません。だから、パッケージを変えるときは、素材を透明にしたり、形状を少し長くしたり、穴を少し大きくしたりと、まずは小さな変化で大きな成果を狙いましょう。

(4) 提供方法に触媒を組み込む

ハイボールはジョッキで提供することによって、生ビールを飲むときのようにゴクゴク飲んで爽快な気分を味わえます。これは、もともとやっていた習慣の行動プロセスをそのまま新しいサービスに転用させてしまう方法です。このように、提供する器1つで、体験価値が大きく変わるのです。

(5) ネーミングに触媒を組み込む

これは、設備投資や原材料費に全く影響を与えない最も賢い触媒の組み込み方です。「濃厚チーズケーキ」や「ゴロゴロ野菜のチキンカレー」など、商品名にシズルワードを入れるだけでおいしそうに感じてもらうことができます。

POINT	触媒は、「ちょっとした工夫」で組み込める。

触媒をどう組み込むか？②

Addiction 2
「触媒」の魔力

広告では「シズル表現」で触媒を組み込んできた

　テレビを見ていて、食べ物のCMが流れたときに、「あーおいしそうだな。食べたいな」と思うことってありますよね。ジュージュー食材を炒める音、おいしそうなビールの泡、みずみずしい野菜、あたたかそうな湯気。そういった表現のことを、広告業界ではシズルと呼んでいます。

　じつは、広告業界ではかなり昔からこの「シズル」という言葉を使ってきました。もともとは英語の「sizzle」のことで、「肉がジュージューと焼けて肉汁がしたたり落ちているような状態」を指します。アツアツ感を出すために湯気を出したり、新鮮さを演出するために水滴を吹きかけたりと、それがあるかないかで商品の売れ行きに雲泥の差が生まれるほどです。

　このシズルこそ、動物脳を刺激する触媒の1つだと考えられます。シズル表現をまとめた書籍『シズルのデザイン』[31]によると、シズルは大きく、音、ビジュアル、ワードに分けられます。その中のシズルワードには「食感系」「味覚系」「情報系」と大きく3つの分野があります。「食感系」は、「サクサク」「シャキシャキ」「カリッ」などの触覚と聴覚を表現したもの。「味覚系」は、「甘い」「酸っぱい」「しょっぱい」「苦い」という味覚の4基本味に関わるものや、「濃厚」「あっさり」など。「情報系」は、「季節限定」「産地直送」「プレミアム」など食べ物の周辺情報を表現したもの。

　面白いのは、時代とともに人気のシズルワードが変わっていくこと。不景気になると、「濃厚」というワードが人気が出ると言われており、ここ十数年で大きく飛躍しているのがわかります。

148

人気シズルワードの変遷

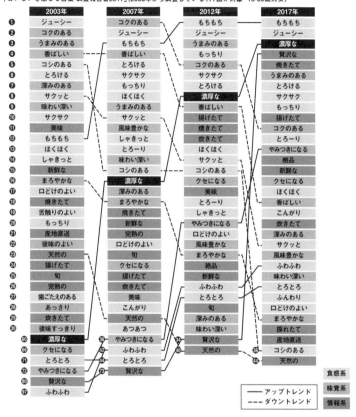

参考:『シズルのデザイン』B・M・FT ことばラボ 編著、誠文堂新光社、2017年

POINT 人気のシズル表現は時代とともに変化する。

Addiction 2 「触媒」の魔力	# 触媒は五感で感じる① 五感は人間脳を介して動物脳を刺激する

　習慣においてついついクセになってしまう中毒性のある演出のことを「触媒」と名づけました。しかし、この触媒を意図的に組み込むのはなかなか難しいもの。私たちはさまざまな事例を分析した結果、いずれも五感を刺激するものだということがわかってきました。先ほど説明したシズルも五感を刺激する演出です。

　あらためて脳の仕組みを見てみましょう。五感は人間脳を経由して動物脳につながっています。動物脳の扁桃体というところで、快不快の感情を生み出します。また、扁桃体の近くに記憶をつかさどる海馬という部位があるため、扁桃体が強い快不快を感じることで、記憶に残りやすくなるのです[32]。つまり、<u>しっかり記憶に残そうと思ったら、触媒によって五感にアプローチし、快不快の感情を強く揺さぶらなければならない</u>のです。ひとたび記憶に残ると、とぐろを巻いたホースを嫌いな蛇に見間違えて思わずよけてしまうように、無意識のうちに反応するようになります。

　五感の中で嗅覚は、最も記憶に残りやすいです。それは、嗅覚だけが、記憶をつかさどる海馬に直接つながっていて、匂いをかいだとき、瞬時に直感が働くためです。ジョージア州立大学でマーケティングを専門とするショールダー・エレン教授は、五感の中で匂いだけが、「脳は考える前に反応する」と述べています。よって、習慣化の触媒として嗅覚を活

用するのはとても効果的です[25]。

さまざまな事例を分析し、触媒を五感ごとに振り分けた分析結果を表にまとめました (P.156〜157)。それからわかるのは、コーヒーは、深い匂いで嗅覚を、苦みによって味覚を刺激していること。このように、1つの触媒だけではなく、五感をまたいだ複数の触媒が組み込まれたケースも少なくないのです。

五感と脳の関係

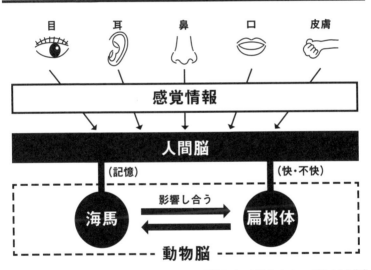

http://kiotech.net/kioku/science4.html より作成

POINT

五感を強く刺激すると「記憶」に残る。

触媒は五感で感じる②

Addiction 2
「触媒」の魔力

「クロスモーダル」という考え方

　赤はイチゴ味、緑はメロン味、黄色はレモン味と、いろんな味を楽しめるかき氷。でも実際は、氷の上にかかっているシロップは色や匂いが違うだけで、ほぼ同じ味なのをご存じですか？　なぜ人は、イチゴ味やメロン味と異なる味に感じるのでしょうか。

　<u>人間は、五感のうちの異なる複数の感覚が脳に入ってきたとき、それぞれの感覚を補完し合って、錯覚を起こすことがあります。この現象をクロスモーダルといいます</u>。直訳すると「交わる感覚」です。かき氷の場合は、着色料による赤色という視覚とイチゴ香料による嗅覚が刺激されて、脳内でイチゴ味という錯覚を生み出しています。最近クロスモーダルが注目されはじめたのは、VR（Virtual Reality）の普及にあります。VRでは直接表現しづらい触覚や嗅覚をクロスモーダルによって感じさせることで、表現の幅を広げているのです。

　博報堂のHuman Xチームは、クロスモーダルを活かして、「Write More」という商品を開発しました。独自の研究で、紙に鉛筆やペンで書くときの筆記音は、集中力を高めるということがわかりました。そこで、書くと筆記音が大きく鳴る、書くことが楽しくなるボードを開発しました。検証の結果、これを使うと子どもたちは書くことに夢中になり、集中力が高まることがわかったのです。このように、複数の感覚を組み合わせることで、体験の質をグッと高めることができます。

クロスモーダルについて

古典的な感覚提示モデル

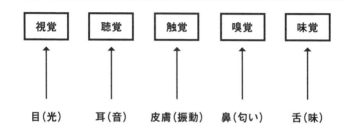

クロスモーダルの感覚提示モデル

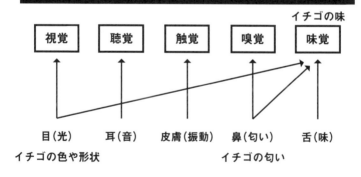

| POINT | 五感を組み合わせて体験を強化する。 |

触媒を組み込む5つの法則

Addiction 2
「触媒」の魔力

触媒を「意図的」に組み込むためのテクニック

　ここまでの話で、触媒とはどういうものか？　触媒は人間の脳にどのような影響を与えるのか？　そして、触媒は習慣化にとってなくてはならない要素であることが理解できたと思います。

　しかし、肝心なのは、それをどう「意図的に」組み込むか？ということです。触媒を商品やサービスを通じた体験に意図的に組み込むことができたら、それを使い続ける人は増えるはずです。

　そこで、さまざまな触媒を洗い出し、分類し、そこにどのような法則があるか、を分析しました。その結果、触媒を生み出す方法として5つの法則を見出しました。

　第2章で紹介した習慣の4分類ごとに、特に出現しやすい触媒で整理すると右図のようになります。

　「快楽」、「不快解消」の習慣では、歯磨き粉のミントのような強い刺激を与える「ミント型」、シャンプーの泡のような心地よさを与える「コンフォート型」がよく組み込まれています。「成長」の習慣では家計簿アプリの資産グラフのような成長の可視化がされた「ダム型」が多く見られます。「不満解消」の習慣では、加熱式電子タバコのように吸うときの一連の行為が儀式化される「セレモニー型」や、電子マネーの決済音のような見えないものを感じさせる「アナログ化型」が組み込まれています。次節から、それぞれの法則の詳細を説明していきます。

154

触媒の5つの法則

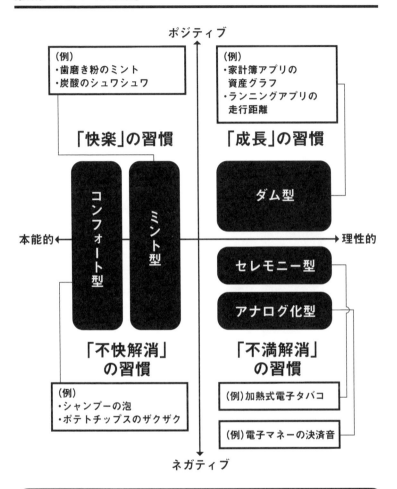

| POINT | 習慣の種類に合う触媒の組み込み方がある。 |

触媒リスト

	視覚	聴覚
ミント型	エナジードリンクの「液色」 強炭酸飲料の「シュワシュワ感」	炭酸飲料を開けるときの「プシュッ」という音 肉を焼くときの「ジュージュー音」
コンフォート型	ビールの「泡」 じゅうたんの「フカフカ感」	カメラの「シャッター音」 高級車の「ドアが閉まる音」
セレモニー型	加熱式電子タバコの「一連の吸う行為」 ハイボールの「ジョッキで乾杯」 デジタルカメラの「ファインダーをのぞきながらの撮影」	
ダム型	ランニングアプリの「総距離数グラフ」 家計簿アプリの「総資産額グラフ」 レコーディングダイエットの「体重変化」	—
アナログ化型	ネット動画の「ぐるぐる回る記号」 スマホの「電池残量」	電子決済の「ピッ音」 デジタルカメラの「シャッター音」

CHAPTER 5　Addiction 2　|　「触媒」の魔力

嗅覚	味覚	触覚
柔軟剤の「匂い」 コーヒーの「匂い」	歯磨き粉の「ミント」 タブレット菓子の「強いミント味」 コーヒーの「苦味」	電気風呂の「ビリビリ感」 育毛トニックの「清涼感」
エステのときの「アロマの匂い」 レストランのおしぼりの「フルーティーな匂い」	シズルワード 「食感系」…シャキシャキ 「味覚系」…濃厚 「情報系」…産地直送	シャンプーの「泡」 ポテトチップスの「ザクザク感」 スポーツジムでの「汗」
—	—	—
—	—	メール受信時の「バイブ振動」 電子ボタンの「クリック感」

157

Addiction 2 「触媒」の魔力	# 触媒の法則① ## 『ミント型』 歯磨き粉のミントのような強い刺激をつくる

「良薬は口に苦し」と昔から言います。その信憑性は定かではないですが、苦みがあるとなんとなく効いた気がしますよね。このように、強い刺激があると、実際の効果以上に感じてしまうのが「ミント型」の触媒です。「ミント型」と名づけたのは、第4章でも紹介しましたが、歯磨き粉に由来します。歯磨き粉に含まれているミントが、特に機能的な効果はないのに「歯磨きをしたときの歯がきれいになった感」を助長し、思わず使い続けたくなってしまうのです。

この「ミント型」の触媒の事例をいくつか挙げてみます。強い刺激は、五感ごとにみられます。

まずは視覚。見た目が刺激的なものとして、エナジードリンクが挙げられます。飲むと元気が出るという触れ込みのエナジードリンクの液色は、ブルーだったりイエローだったり、各社かなり強い色味です。この色味を見ることで、飲む人は、あたかも元気になったような感覚を得ることができ、習慣化につながります。

次に、味覚。これは歯磨き粉のミントや良薬がそうですが、それ以外にもさまざまな例があります。タブレット菓子の強いミントが作業の集中力を高めてくれる感じがしたり、強炭酸飲料の強いのど越しの刺激が気持ちをリフレッシュさせてくれたりします。

触覚はどうでしょうか。苦手な人もいると思いますが、銭湯の電気風

呂のビリビリ感は体調を改善してくれる感じがします。

　記憶に残りやすい嗅覚にもいろいろ事例があります。柔軟剤の強い匂いも、洗い立ての清潔感を強めてくれる役割を担っています。コーヒーの匂いをかいで、集中力が高まったり、目が覚める人もいるでしょう。

　最後に聴覚。肉を焼くときのジュージューというシズルはまさに食欲をそそる触媒です。炭酸飲料を開けるときのプシュッという音も、炭酸飲料を飲む心地よさを助長してくれます。

　このような強い刺激は、スパイスのようなもので、知らず知らずのうちにクセになっていき、人々の習慣を定着させてくれるのです。

「ミント型」の触媒

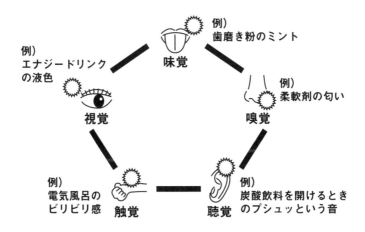

POINT　ついクセになる「スパイス」を加える。

Addiction 2
「触媒」の魔力

触媒の法則②
『コンフォート型』
シャンプーの泡のような心地よさを演出する

　梱包材のプチプチをつぶして遊んだ記憶はないですか？　特に何か得られるわけではないのに、ずっとやってしまいますよね。あのプチプチをつぶす気持ちよさこそ「コンフォート型」の触媒です。「コンフォート型」は「ミント型」に似ていますが、「ミント型」がスパイスのような強い刺激なのに対して、「コンフォート型」は気持ちよさを感じる触媒です。

　「コンフォート型」の触媒の事例をいくつか挙げましょう。「ミント型」と同様に、五感ごとに気持ちよさを感じる事例があります。

　最も気持ちよさを感じやすいのはやはり触覚です。触った感じがフワフワしていたり、サラサラしていたり。その中でも代表的な触媒が「泡」です。泡は至るところで使われています。シャンプーや洗顔料などのトイレタリー。ビールの泡や泡立てて食べる卵かけご飯も人気です。それ以外にもポテトチップのザクザクする食感や毛布の手触り感など多くの触媒があります。

　聴覚も気持ちよさを感じやすいです。カメラのシャッター音もなんともいえない気持ちよさがあります。また、高級車のドアが閉まる音なども、品質感や贅沢感を演出してくれる重要な要素です。

　つぎに嗅覚。エステやマッサージをするときには、気持ちよさを助長するためにアロマを焚いたりします。また、レストランなどでおしぼりにフルーティーな匂いをつけるのも同様の効果があります。

味覚における気持ちよさは、「おいしい」ということ。見た目、音、シズルワードなど、前述のシズル表現によって意図的に触媒を組み込むことができます。

　最後に視覚ですが、これは、動物脳にある快感を感じる扁桃体の隣にある記憶をつかさどる海馬の影響を大きく受けます。触れずとも泡を見るだけで気持ちよさを感じてしまうように、見た目が記憶を呼び起こして快感を感じるのです。

　このように<u>「コンフォート型」の触媒は、1秒の心地よさを演出することで、習慣化する</u>のです。

「コンフォート型」の触媒

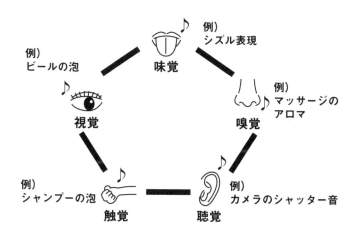

POINT 「1秒の心地よさ」を組み込む。

触媒の法則③
『セレモニー型』

Addiction 2
「触媒」の魔力

加熱式電子タバコのように儀式を体験に組み込む

先に説明した「ミント型」「コンフォート型」の触媒は、動物脳に直接アプローチする触媒でしたが、「セレモニー型」は間接的にアプローチするものです。セレモニーは儀式という意味ですが、決まった手順で物事を進める行為のことを指しています。儀式を通じて、過去の記憶が呼び覚まされ、そのときの快感を思い出す。そんな儀式を通じた動物脳へのアプローチのことを「セレモニー型」の触媒と名づけました。

少しわかりにくいと思うので、具体的な例を挙げます。今、電子タバコが広がりを見せていますが、日本では加熱式電子タバコが人気です。電子タバコがタバコ葉を使用せず液体を熱するのに対して、"加熱式"電子タバコは、タバコ葉を加熱して水蒸気を吸うものです。なぜ、加熱式が選ばれたのでしょうか。じつはこれこそ「セレモニー型」の触媒。今まで紙タバコを吸っていたときのように、箱からタバコ葉を取り出し、火をつけて（加熱して）、煙を吸って吐き出し、そして一定量を吸ったらタバコ葉を捨てる。この一連の儀式こそ、動物脳を刺激し、紙タバコから加熱式電子タバコへと習慣がスイッチした触媒だったのです。

同様の事例で、ハイボールが挙げられます。ビールからハイボールにシフトした人は、ロンググラスではなく、中ジョッキでハイボールを飲んだことによって、ビールを飲んだような爽快感を得られたのです。この場合は、「中ジョッキで飲む」という儀式が触媒になっていたのです。

162

デジタルカメラは、背面にモニターがついていて全体像が見やすいのにもかかわらず、いまだにファインダーが残っていて、のぞきながら撮影する人も多いです。ファインダーをのぞいたほうがカメラが固定されてブレにくいというのもありますが、この儀式が、写真を撮っている楽しさや満足感を満たす触媒になっているのです。

　技術が進化し、古い習慣から新しい習慣に切り替えるときに、<u>ゼロから全く新しい行動を促すのではなく、快感を生み出す儀式を残すのも、習慣化を促すためのテクニック</u>です。

「セレモニー型」の触媒

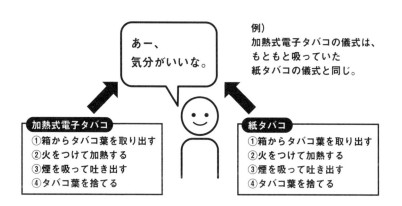

| POINT | 快感は「カラダ」が覚えている。 |

触媒の法則④『ダム型』

Addiction 2
「触媒」の魔力

家計簿アプリのように蓄積する楽しさを提供する

　家計簿アプリを使うと、今まで浪費癖のあった人が、急に節約家に変わるという話を聞きます。家計簿アプリは、銀行、証券、カード、電子マネーなどあらゆる金融サービスと接続することで、自動的に家計簿管理ができて、資産総額の推移がグラフで表示され、時系列での増減がひと目でわかります。このグラフが増えていくのがうれしくて、お金の使い方や増やし方に興味をもつ人が増えているのです。

　第2章で触れましたが、習慣には4種類があって、その中に「成長」の習慣があります。成長というのは目に見えないため、なかなか実感を感じづらく、習慣化が難しいもの。英語の勉強をするぞと心に決めても、なかなか成長実感を得られず途中でやめてしまう人も多いですよね。

　そこで「ダム型」の触媒の登場です。成長実感をグラフや数値によって見える化して、視覚に訴える触媒です。ダムのように蓄積していくのでそう名づけました。先ほど紹介した家計簿アプリは、資産総額の推移のグラフが「ダム型」の触媒の役目を果たし、たとえ少しずつでも着実に成長している様子が見えると、続けたくなるのです。

　体重を定期的に記録し、その増減を見て行動を変えることでダイエットをする「レコーディングダイエット」も、体重を記録し続けることが「ダム型」の触媒となっています。

　サービスのデジタル化が進んだことで、この「ダム型」の触媒は増え

ています。英語学習アプリも、日々の進捗をアプリで管理して、ゲーム感覚で少しずつ問題をクリアしていく仕組みにすることで、英語力が高まった感覚を得られます。

ランニングアプリも「ダム型」の触媒が入っています。走ったときの1kmあたりのタイムや走行距離が記録され、スコアが以前と比べて向上すると、通知が来て成長実感を得ることができます。

SNSのフォロワー数や「いいね！」数も、同様の効果をもたらしていると考えられます。

このように、デジタル化が進むことで、「ダム型」の触媒によって成長実感を得ることができるサービスが、今後増えていくでしょう。

「ダム型」の触媒

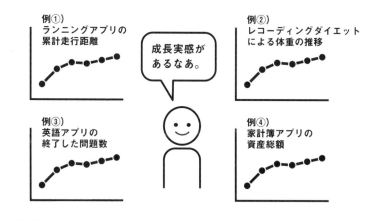

POINT　成長を「見える化」する。

Addiction 2
「触媒」の魔力

触媒の法則⑤
『アナログ化型』
電子決済のようにデジタル体験をアナログ化する

　デジタル化が進み、どんどん便利な世の中になってきました。でも、行きすぎた便利さは、その行為をしている実感、手ごたえ、ありがたみを感じなくさせてしまいます。例えば、電子決済を利用する際、レジのリーダーにタッチをしますが、そのときに「ピッ」という音がしなかったとしたら、どうでしょう？　ちゃんと支払えたか不安だな、と感じるはずです。

　このように、便利なデジタルサービスの「使っている感」を演出するのが「アナログ化型」の触媒です。この些細な演出が、デジタルサービスの体験品質をグッと高めているのです。

　デジタルカメラもそうです。アナログのフィルムカメラの頃は、写真を撮るたびシャッターが落ちる音が「カシャッ」と鳴りました。でも、デジタルカメラは機構がコンパクトになったことで音は鳴らなくなったのですが、あえて「カシャッ」という音を加えることで、カメラを撮る楽しさを演出しています。

　ネット動画にも触媒が組み込まれています。動画を受信するのに時間がかかるとき、ぐるぐる回る記号が表示されます。それによって、「あれ？　壊れたかな？」という不安を払拭し、接続に時間がかかっているんだと状況を理解することができるのです。

　スマートフォンの電池の残量や通信感度の強弱など、見えないデジタ

166

ル情報を可視化することで、直感的に現状を把握できる演出も多く見られます。

触覚を刺激することでアナログ化するケースもあります。例えば、メールが届いたときのスマートフォンのバイブ振動が挙げられます。

京都大学の川上浩司教授は、「不便益」という考え方を提唱しています。「不便益」とは、不便だからこそ得られる効用のことです。富士山の裾野から山頂までのエスカレーターがあったら興醒めなように、便利だと暮らしは楽になるけれど、手ごたえや、人間らしさを奪ってしまう。それを取り戻すのが不便益です[33]。

<u>「アナログ化型」の触媒は、デジタル化によって便利になった体験に、確かな実感を取り戻してくれる触媒なのです。</u>

「アナログ化型」の触媒

例①）動画のぐるぐる回る記号

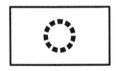

例②）電子決済音

例③）スマホの電池残量

例④）バイブ振動によるお知らせ

POINT　デジタルで失った「実感」を取り戻す。

| Addiction 2
「触媒」の魔力 | # 「触媒」が経営を左右する!?
経営において、一見無駄なものの価値が増す |

「触媒」は、直接は商品の効果効能につながらない一見無駄なものです。でも、それがあることで、快感が増し、ついつい続けてしまいます。そのような合理的な説明がつきにくいものが、これからの経営において重要だと言われるようになりました。

コンサルタントの山口周氏は著書『世界のエリートはなぜ「美意識」を鍛えるのか？』[34] の中で、グローバル企業の幹部候補がアートスクールで学び出している実情を明かし、その背景として、分析、理論、理性に軸足をおいた「サイエンス重視の意思決定」では、複雑で不安定な世界におけるビジネスの舵取りはできないと述べています。

高名な経営学者のヘンリー・ミンツバーグ氏はMBA教育への批判とともに、経営というものは「アート」と「サイエンス」と「クラフト」が混ざり合ったものと表現しています。「アート」は創造性と直感を活かしたワクワクさせるビジョンを生み出し、「サイエンス」は分析や評価を通じてビジョンに現実的な裏付けを与え、「クラフト」は経験や知識をもとに、ビジョンを現実化する実行力となります。これらがうまく混じり合ってこそ良いビジネスになるのですが、現在のビジネスにおいては、説明がしやすい「サイエンス」と「クラフト」のみが重要視され、「アート」がないがしろにされています。

「アート」とは、なんとなく好きだとかワクワクするとか、そういった

フワッとした感覚的なものです。今のビジネス環境では、よほどのカリスマ経営者でないかぎり、「なんとなく面白いから、これでいこう」と言っても周囲から白い目で見られるでしょう。でも、世界を見渡すと、うまくいっている企業はクリエイティブディレクターを招聘するなどして、経営にうまくアートを取り入れています。

　人間の頭の中には、理性的で論理的な判断をする人間脳と直感的で感情的な判断をする動物脳があると述べましたが、これからのビジネスにおいて、人間脳だけでなく、この動物脳と向き合うことが避けて通れなくなってきます。そういう意味で動物脳を刺激する「触媒」は、これから、商品、事業、コミュニケーションなど、エンドユーザーと接触するあらゆるビジネス領域で、議論されるものになるのかもしれません。

経営に必要な3つの要素

アート	サイエンス	クラフト
創造性と直感を活かしたワクワクさせるビジョン	分析や評価を通じてビジョンに現実的な裏付けを与える	経験や知識を元にビジョンを現実化する実行力

『世界のエリートはなぜ『美意識』を鍛えるのか？』（山口周著、光文社）より作成

POINT　これからの経営は、「アート」が求められる。

利益増加のために最も重要となる要素は、

口コミのサイクルタイムだ。

デビッド・スコック（ベンチャーキャピタリスト）

CHAPTER

6

Conversation

習慣を広げる

Conversation 習慣を広げる	# Conversationをつくる 習慣を広げるときにConversationが大事な理由

さて、ここからはPACのConversation、つまり習慣を広げるためにどのような手法があるのか説明していきます。どんなにいい習慣であっても、それが広がらなければ意味がないので、このConversationはPrediction、Addictionと同様に大切なプロセスです。

まず、私たちが習慣の広げ方において、なぜConversationという言葉を用いているのか説明します。Conversationには、会話や雑談という意味がありますが、そもそも会話という行為は1人では成立せず、必ず話す相手が1人以上いることで成立する行動です。同様に、習慣が広がっていく上でも自らの発信にとどまらず、さまざまな相手からの「第三者の声」がとても重要になってきます。なぜなら「習慣」は一方的に押し付けるものではなく、多くの第三者と合意形成しながら社会に定着していくものだからです。

また、インターネットが普及し多くの人がスマートフォンを所有する現代において、Conversationはもともとの意味である友人や家族とのリアルな会話にとどまりません。SNS上での知らない誰かの投稿、テレビ、新聞、Webなどのメディアが発信するニュース、商品紹介サイトのレビュー投稿、近年人気が高まっているオンラインサロンでのトピック、オンラインショップの人気ランキングまで、生活する上で接触する「第三者の声」が広がっているのです。

チャールズ・デュヒッグ氏も前述の著書『習慣の力』の中で、同僚、友人、隣人などからのゆるやかな同調圧力＝「ピアプレッシャー」が習慣化を加速させると述べています。まさに周囲（第三者）からの情報が大切だということを述べているのだと思います。

家族や友人といった血縁、地縁を超えてリアルからデジタルまで、さまざまな強度でつながりが生まれている現代社会において、生活者は「Fファクター」と呼ばれる「Friend、Family、Fan、Follower」といった身近な人だけでなく、興味関心の合う人の情報を参考にして行動するようになってきたとも言われています。習慣を広げるためにどのように興味関心の合う「第三者の声」を生み出して広げていくことができるのか、次節以降で詳しく見ていきます。

Conversationとは？

| POINT | Conversationとは「第三者の声」 |

Conversation 習慣を広げる	# 習慣を広げる2つの ステップ
	局所的に攻める（1→10）とマスへ広げる（10→100）

　これまでのマーケティングでは新商品を発売する際は、テレビCMを大量に出稿することで店頭の棚を獲得し、垂直立ち上げで売っていく方法が王道でした。そして売上が低下してくると商品をリニューアルしてまたテレビCMを出稿する、という繰り返しの中で商品のシェアを維持してきたのです。

　こういった手法も商品を売るための1つのやり方ですし、もちろん一度に大量の人にメッセージを届けることができるテレビCMの効果は絶大です。しかし、いきなり大量のマス出稿ができるような予算をかけられる商品ばかりではありませんし、なにより情報があふれかえる時代になったからこそ、私たちはもう1つの選択肢があると考えています。いきなり垂直立ち上げを狙わず、スモールスタートでConversationによってじわじわと新しい習慣を広げることで商品を売る方法です。

　多額の予算を投じていきなりマスに習慣を定着させようとするのではなく、Conversationによって新しい習慣を広げるためには、2つのステップを踏むことが大切です。<u>まず局所的に攻める（1→10）コミュニケーションで、少数でもいいので習慣を実践してくれるファンを獲得し、その上でマスへ広げる（10→100）コミュニケーションを実施する、という2つのステップです。</u>なぜ、このようなプロセスが必要なのでしょうか？

習慣は、一朝一夕で定着するものではありません。決められた数の商品を瞬間的に売るのではなく、長い時間をかけて習慣的に購入してもらうことも同様です。また、前節で述べたように習慣は一方的に押し付けるのではなく、さまざまな生活者と「第三者の声」を介して合意形成しながら広げていくものです。だから、マスを狙うコミュニケーションでいきなり広げようとしてもなかなかうまくいきません。

　だから、習慣の広げ方においては、局所的に攻める（1→10）のステップがとても大切になってきます。次節ではその理由についてもう少しだけ説明していきます。

Conversationの2ステップ

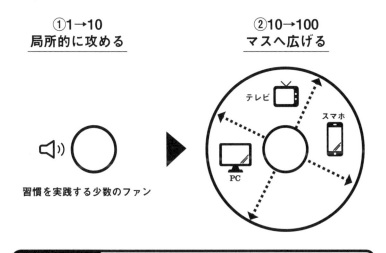

POINT　「1→10」のステップを大切に。

Conversation 習慣を広げる

「1→10」が大切な理由
習慣を広げるのはカンタンじゃない

　局所的に攻める（1→10）ステップで、少数でも熱狂的なファンをつくることが、これからのコミュニケーションにおいて大切な理由は、いくつかあります。

(1) 理由①　情報を届きやすくする

　博報堂DYメディアパートナーズメディア環境研究所の定点調査[35]によると、スマートフォンへの接触時間が急激に増加したためメディアへの総接触時間が増加し、2019年には1日平均400分以上になりました。スマートフォンから常に情報が与えられ続けるだけでなく、家族、友人との会話や電車内の広告、チラシ、店頭などのリアルな情報もあふれかえる環境で生活する人々に、短時間で印象に残る情報を伝えるのは難しくなってきています。だから、最初からマスに向かって端的に情報を伝えるよりも、まずは局所的に丁寧に情報を届けるほうが得策なのです。

(2) 理由②　習慣が広がる土壌をつくる

　デジタル化やソーシャルメディアの発展を背景に、前述したように「Fファクター（Friend、Family、Fan、Follower）」によるオンライン上の情報が人々を動かす時代になりました。つまり、マスよりも興味関心を軸にした人々の集まりのことを指す「トライブ」が、マーケティング上、大切になってきたのです。いきなり一方的な情報をさまざまな価値観をもった「トライブ」へ均一に与えても、どのトライブからも無視されて

しまう懸念が大きくなったということです。

そのような事態を避けるために、1→10のステップによって新しい習慣のファンとなる小さな「トライブ」と向き合い、習慣が広がっていく土壌を丁寧に育むことが必要なのです。

(3) 理由③　トライ＆エラーを行う

最後の理由は、トライ＆エラーができることです。Prediction、Addictionのステップによって優れた習慣を考えついたとしても、その習慣が定着するという確証はありません。そこで、まずは1→10のステップを踏むことで、少数でも濃い生活者からの反応を確かめることが大切です。その反応をもとに習慣を修正し、また1→10のステップを実施してみる。この繰り返しによって、習慣が広がる確度が高まっていくのです。

1→10が大切な3つの理由

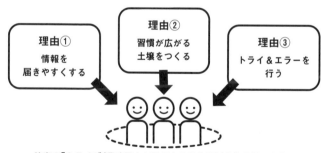

特定の「トライブ(興味関心が同じ人の集まり)」を集中的に狙う。

POINT　まずは「トライブ」を動かす。

Conversation 習慣を広げる	# 1→10 │ 体験をリッチにする 強い体験が Conversation を生む

　ここからは1→10と10→100のそれぞれのステップにおいて、例えばどういう手法があるのかについて、具体的に解説していきます。これから説明するいくつかの手法を参考に、それらを組み合わせてみたり、応用してみたり、時系列で整理してみたりさまざまな形で利用してみてください。

　最初の1→10の手法は「体験をリッチにする」です。<u>習慣は体験することで効果を実感でき、その良さを理解することができます</u>。しかし、いくら身近な人からその習慣の魅力や効果を饒舌に語られても、なかなか腰が重く最初の一歩が踏み出せないという経験は誰しもがあることでしょう。そこで体験してもらう最初の一歩をつくり出すのが「体験のリッチ化」です。

　例えば、炭酸飲料を飲む習慣を広げたいとします。炭酸は強い爽快感を触媒とする「快楽」の習慣ですが、この爽快感を口頭でいくら説明しても、実際に体験してもらわないと五感で感じることはできません。そこで、この爽快感をリッチ化してみることを試みてみましょう。例えば、キンキンに冷やした状態で提供してみたらどうでしょう。冷却効果と炭酸の相乗効果で、さらに強い爽快感を提供することができるはずです。

　さらにリッチに、夏の暑い日にキンキンに冷えた室内、それこそ氷でできたバーで提供してみたらどうでしょう。体感温度と、まるで南極に

あるバーで飲んでいるような視覚的な冷たさも相まって、さらに強い爽快感を提供することができ、体験者に炭酸飲料との印象的な出会いを演出することができます。

これが、体験をリッチにするということです。味覚だけでなく触覚に、視覚にと、五感を刺激することで強いきっかけを演出します。このようなリッチな体験をマスに実践するのは予算的に難しいかもしれません。まず、1→10のステップにおいては、量に捉われるのではなく、少数の人にできるだけ強くてリッチな体験を提供することを心掛けましょう。それがSNSや口コミで習慣を広めてもらう行動を喚起することにつながるのです。

体験をリッチにするには？

POINT 「五感」を刺激して、体験をリッチにする。

| Conversation 習慣を広げる | # 1 → 10 ｜ 味方を見つける
Conversation を生んでくれる味方を見つける |

　次の手法は「味方を見つける」です。ここでいう味方はシンプルに言うと、習慣の魅力や実践方法を周囲に広めてくれる人を指します。SNSで多くのフォロワーをもち、等身大で習慣の魅力を語ってくれるインフルエンサーや、メディアから信頼が厚くその知識やデータとともに習慣の魅力を語ってくれる有識者、影響力のあるメディアで習慣の魅力をわかりやすく記事にしてくれる編集者・ライターなど、「味方」のバリエーションは多岐にわたります。

　ここで大切なのは、味方の「見つけ方」です。習慣を早く多くの人に知ってもらいたいと焦ってしまうと、誰もが知っている著名人や、できるだけ多くのフォロワーをもつインフルエンサーに味方になってもらいたいと考えてしまうかもしれません。つまり、認知度やフォロワー数といった「量」の発想で選んでしまうということです。もちろん「量」の発想も大切です。しかしそれ以前に、大切な尺度は「質」の発想です。そもそも広げたい習慣に対して共感してくれる人なのか、熱量をもって伝えたいと思ってくれる人なのか。「質」の発想を前提にしないと、その人の意見に影響を受ける周囲の人が無理やり新しい習慣に接触することになり、行動も喚起されず、さらなる拡散も期待できないという最悪な結果を招きかねません。たとえ1万の「いいね！」がついたとしても、それは習慣に対する「いいね！」ではありません。

　次に、「味方」を巻き込む方法について、「お金」は最終手段として考え

ましょう。「〇〇〇円お支払いするので、ぜひこの商品や習慣を宣伝してくれませんか」と最初にお金で味方になってもらおうとすると、利害関係（＝ビジネス）のためにその商品を紹介することになるので、それは本質的な「味方」になることを意味しません。そもそも、その商品のことを相手が全く好きじゃない可能性だってあるのです。

まずは、商品や習慣をその人が発信することの「相手のメリット」を考えましょう。ライターを味方にするのであれば読者からの反響が期待できる理由を、有識者を味方にするのであればその人の世間からの評価や次のビジネスにつながる可能性を、まずはじっくり考えて提示するようにしましょう。

味方の見つけ方

リーチ・認知度・フォロワー数

共感・親和性・熱量

| POINT | 味方は、「量」より「質」の発想で探す。 |

1→10 ｜ 局地的ブームをつくる

Conversation
習慣を広げる

あえて場所を限定することで Conversation を生む

　次の手法は「局地的なブームをつくる」です。ある習慣をいきなり全国的に定着させるのは容易ではありません。最初にも述べましたが、いきなりマスを狙うと、コストもリスクも大きいのが現実です。そこで、とてもシンプルな発想ですが、あえて場所を絞ってみるというのがこの手法です。

　あなたも街で行列ができている店を見かけたとき、知らない店でも気になって店内をのぞいてみたり、少し時間があればその列に並んでみた経験があるでしょう。つまり、どんなに局地的であっても、「人気」という事実を知ると少なからず生活者は興味をもってしまうのです。これは新しい習慣を広める際にも応用することができます。その局地は、福岡市といった中核都市でもいいですし、表参道のような象徴的な街でもいいですし、特定の施設でもいいでしょう。場所を絞る際に大事なのは、その場所で人気になることで「新習慣に箔がつくか」どうかです。

　例えば、脳をリラックスさせて集中力を高めるストレッチの習慣を広げたいとします。どこで人気だという事実をつくれるといいでしょうか？　ビジネスパーソンがたくさんいる東京のオフィス街、全国展開する人気ストレッチ教室、などさまざまな親和性のある場所が思いつくかもしれません。

しかし親和性はもちろんですが、大事なのは「新習慣に箔がつくか」どうかです。例えば、有名国立大学で広めてみるのはどうでしょう。もし成功すれば「集中力が高まるストレッチだから頭のいい大学生が取り組んでいるのか」「頭のいい大学生たちがこぞって取り組んでいるストレッチってなんだろう」と、その習慣が少し気になって他の人に話したくなりますよね。また、納得できる理由があるからこそ、メディアも取材してくれる可能性が高まります。

　このように1→10のステップでは、何百万人に体験してもらおうといった「量」ではなく、例えば300人だったとしても<u>本質的で小さな一歩を踏み出すための「質」</u>を追求する試行錯誤が大事になってきます。小さい一歩だからこそ、もし有名国立大学で人気にならなかったとしても、次はもう少し年齢を上げて有名ベンチャー企業で試してみるなどのようにトライしてみることもできます。

局地的でもブームは気になってしまう

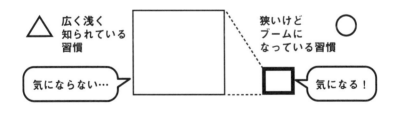

POINT　「新習慣に箔がつく場所」で人気だという事実をつくる。

Conversation
習慣を広げる

1→10 ｜ 売り場を変えて みる

違和感のある売り場が Conversation を生む

　次の手法は「売り場を変えてみる」です。ある商品を習慣的に利用してほしいときに、生活者がその商品の習慣的な利用シーンや手法まで完璧に理解して購入しにきてくれたら、こんなにありがたいことはありません。しかし多くの生活者は、今日の夕ご飯は何にしようかなとか、シャンプーがなかった気がするとか、何を飲みたい気分だろうとか考えながら、それこそ曖昧な情報をもって売り場に訪れます。そのような生活者に向けて、企業側はなんとか売り場で情報を伝えようと、商品のパッケージデザインを工夫したり店頭POPを制作したりと、さまざまなことを試みるのですが、もっと<u>チャレンジングに売り場自体を変えてみる</u>のも1つのやり方です。

　例えば、カップスープをもっと朝食と一緒に食べてもらいたいとします。一般的な店舗であれば、味噌汁や春雨スープ、カップラーメンやカップ焼きそばなど類似の商品群と同じ棚で売られています。それでは、生活者はカップラーメンを食べたいときに「今日はおなかが空いてないからカップスープにしようか」という具合に、カップラーメンと同じ飲食機会の商品としか認識してもらえないでしょう。それが例えば、パンの売り場で売ることができたらどうでしょう。朝食のパンを買いに来た人が一緒にカップスープを買ってくれて、朝食に食べる習慣のきっかけになる可能性が高まります。

このような売り場の変更はコンビニエンスストアやスーパーなどの流通との交渉が必要なのでハードルが高いのですが、まずは考えて挑戦してみることが大切です。

もっとチャレンジングに売り場を変えることもできます。例えば、オフィスにお菓子の箱を置いたり、販売員が売りに来るメーカーもあります。これと同様にカップスープをオフィスで飲んでもらう習慣を広げたいとき、コンビニに卸すのではなく直接オフィスで売ってしまうという方法も考えられます。他にも、少し視点を変えて、老眼用のルーペをかける習慣をもっと広げたいとき、メガネ屋ではなく本屋で売ってしまう方法だって考えられるでしょう。このように売り場を変えることで、<u>直感的に生活者にこちらの意図を理解してもらうことができるだけでなく、いつもと違う場所で売られている意外性によって習慣を周囲に広めたくなるきっかけにする</u>こともできるのです。

売り場を習慣のきっかけに

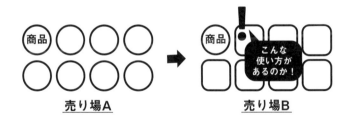

POINT　売り場を変えると、「直感的」に新習慣の文脈を理解しやすくなる。

Conversation 習慣を広げる	# 1 → 10 ｜ 習慣に名前を つける 口の端に上る言葉が Conversation を生む

　次の手法は「習慣に名前をつける」です。習慣を広めるときに、その習慣の内容を文章で伝えてしまうと、どうしても説明的になってしまいます。そうなると説明する人も面倒くさいですし、それを聞いた人も理解に時間がかかってしまい、他の人に伝えづらくなってしまいます。そんなときは、<u>新しい習慣をパッと聞いただけでは完璧にはわからないけれど、気になってしまう新しい言葉に変換してみる</u>といいでしょう。

　例えば、「サク飯」という言葉があります。これを聞いただけでは何のことかわからないかもしれませんが、「忙しいとき、面倒くさいときにサクッと飯（食事）を済ませる」ということを意味しています。「サク飯」という言葉は響きもいいですし、理解できないからこそ初めて聞いた人も「え、サク飯って何？」といった具合に、ついつい聞き返してしまうのではないでしょうか。もっとシンプルな言葉で、例えば「タクシーに乗る」ことを「タクる」と略すことがあります。微妙な差ですが、耳触りがよく口の端に上るイメージが湧くはずです。このように<u>新しい習慣を伝えたくなる言葉に略してみる</u>というのが1つの方法です。

　他にも、<u>すでにある言葉を活用して、新しい習慣を簡単に説明する言葉に変換してみる</u>という方法もあります。
　例えば、古くからある商品やサービスを新しい習慣として復活させた

いとき、「進化系○○」という言葉を使ってみるといいでしょう。「進化系」という言葉でWebニュースを検索してみると、ニュースの見出しとして使われているのを目の当たりにできます。例えば、カプセルホテルという言葉からは、仕方なく宿泊する格安ホテルをイメージしがちですが、「進化系カプセルホテル」と言われるとどうでしょう。「え、進化系カプセルホテルって何？」と気になってしまいますし、「清潔でオシャレでカフェも併設した、都心に立地する新しいカプセルホテル」と長々と説明する必要もなくなります。検索してみると「脱○○」とか「時短○○」「シェア○○」など、すでに汎用されている活用可能な言葉が多く見つかるはずです。

習慣に名前をつける

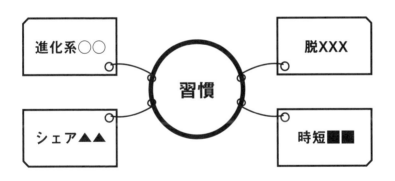

POINT 略してみたり、すでにある言葉とくっつけて、新しい言葉に変換する。

1→10 | 生活者を巻き込む

Conversation
習慣を広げる

生活者と一緒に習慣をつくりConversationを生む

　次の手法は「生活者を巻き込む」です。いきなりですが、もはや新しい習慣をつくりだす商品を完璧につくりこんで発売する時代ではないかもしれません。1億総メディア時代とも言われる現代においては、生活者を味方に巻き込むことができれば、その生活者1人ひとりがメディアとなり発信者となります。このようなパワーをもった生活者を、開発の段階から巻き込んで一緒に商品をつくっていく手法を説明します。

　例えば、オンラインサロンは好事例です。オンラインサロンとは自分のビジネスや趣味の幅を広げるためにお金を払って参加する、影響力のある人が主催するサロンのことです。そこには、サロンのメンバーと交流しながらさまざまな活動をしている人たちがいます。そのメンバーたちと、新しい習慣を一緒に考える取り組みをしてみてはどうでしょうか？　意識が高く、活発なメンバーの意見によって商品が磨かれていくだけではなく、発売される頃にはメンバーたちが自らも商品をつくりあげる過程に参加したという思い入れから、習慣の強力な伝道師になってくれることでしょう。他にも、クラウドファンディングを利用してみるのもいいでしょう。その商品や習慣に投資してくれる人をオンライン上で募集し、是非を問うことで、貴重な意見をもらえる可能性がありますし、成功すれば発売前から一定のファンを獲得することもできるからです。

　雑誌のようなメディアを活用してみる方法もあります。特に雑誌は、何度も読者調査と言われる対面調査を繰り返すことで、読者の行動特性

や購買傾向、嗜好などについて、高い分析力と洞察力をもっています。その雑誌と手を組んで、読者の意見を吸い上げながら商品や習慣をつくり上げていくことで、1→10のステップのための濃いファン集団を獲得することができるでしょう。最近では、雑誌だけでなくWebニュースも読者との交流会を定期的に開催したりと、コミュニティをつくる動きが加速しています。

このようにオンラインサロン、クラウドファンディング、メディアの知見を活用し、生活者を事前に巻き込むことで、<u>1企業が独りよがりで商品や習慣を発信して失敗するリスクを避けると同時に、習慣のファンをあらかじめ獲得することができる</u>のです。

生活者を巻き込む

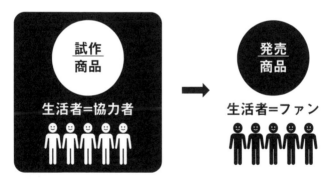

POINT　「発売前に」生活者を習慣づくりに巻き込む。

1→10 | ロゴマークをつくる

Conversation
習慣を広げる

習慣のロゴマークが Conversation を生む

　次の手法は「ロゴマークをつくる」です。生活者が関心をもつ情報は限られています。だからこそ、広告をつくる現場でも、企業の担当者は、少しでも商品に関心をもって好きになってもらうにはどうすればいいのか日々頭を悩ませているのです。同様に企業のロゴマークも一部の熱狂的ファンのいる企業を除いて、生活者はあまり関心をもってくれません。事実、企業のロゴマークがデザインされたTシャツを着ている人を街で見かけることは少ないでしょう。習慣も企業のロゴマークと一緒に広げるよりも、生活者が自分たちのモノだと思ってくれる「象徴的で企業色のない別のロゴマーク」とともに広げるほうが効果的です。

　例えば、LGBTの人たちの象徴であるレインボーフラッグ。ダイバーシティを象徴する6色の旗は、旗という形を越えて、TシャツになりSNSのプロフィール画像になりイベントのツールになっています。まさに、多様性を支持する習慣と意思を表明するロゴマークが、生活者のプライドになって、さまざまなシーンで活用されています。他にも、シンプルがゆえに効果を発揮するロゴマークもあります。スマートフォンの機内モードのロゴマークを思い浮かべてください。飛行機の形が抽象化されたロゴマークが使われています。あのロゴマークがあるからこそ、飛行機内では電波をオフにする習慣を、直感的に想起することができるのです。

　このように新しい習慣においても、企業色がない独立したデザインの

ロゴマークをつくることで企業イメージに左右されることなく、習慣に賛同する味方を巻き込むことができるのです。例えば、寝る前にガムを噛む習慣を広げていきたいとします。この習慣を企業のロゴマークを使って広めようとすると、NPOや医療機関が習慣に賛同してくれたとしても特定の企業に肩入れしているように受け取られて、活動が広がりにくくなるリスクがあります。また、企業色のないロゴマークであれば、生活者もSNSなどで発信しやすくなります。<u>特定の企業を応援するよりも、共感する行動や習慣を応援するほうが、心理的なハードルが低くなる</u>のです。

ロゴマークをつくる

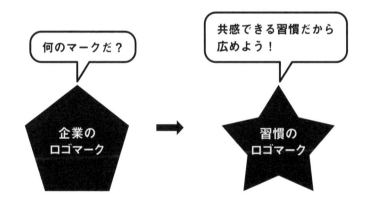

POINT 企業色のないロゴマークをつくる。

Conversation 習慣を広げる	# 10 → 100 ｜ 議論を生む
	議論が Conversation を生む

　これまで習慣を広げるための1→10のステップについて、いくつかの手法を説明してきました。これからはさらにマスへと習慣を広げる10→100のステップについて、いくつかの手法を説明していきます。10→100のステップは、1→10のステップがある程度進んでから移行するため、この段階ではすでに新しい習慣に対する小さくてもコアなファンがいる状態になっています。小さくてもコアなファンをどのように拡大させていけばいいのか？　もちろんテレビCMを出稿するという方法もありますが、ここではそれ以外の手法について説明します。

　最初の手法は「議論を生む」です。ある新しい習慣の支持者が一定数できるとほとんどの場合、その習慣とは異なる習慣をもった人たちが一定数いることが浮き彫りになってきます。例えば、仕事の合間にコーヒーではなく紅茶を飲むという習慣を10→100に広げたいとします。SNSやメディアで、仕事中に紅茶を飲む人が取り上げられ拡散されはじめたタイミングで、あえてコーヒー派の意見も併せて顕在化するキャンペーンを仕掛けてみてはどうでしょうか。紅茶とコーヒーの対立構造が生まれ、キャンペーンに接触した人は、まず自分はどっち派だろうと考えるでしょう。この対立構造によって「習慣の自分ごと化」が促され、次第に愛着が出てきます。その結果、周囲にどっち派か聞いてみたくなりConversationが広がっていくわけです。

　この自分ごと化と拡散の循環を生み出せるのが、「議論を生む」ことの

<u>最大のメリット</u>です。

　この手法は、ある程度の人数がすでに愛着をもって取り組んでいる習慣から、新習慣にシフトさせるときに効果を発揮します。なぜなら議論は、対立する双方の派閥の人数が多いほうが盛り上がるからです。習慣の議論に正解はないので、完全に古い習慣が新習慣に入れ替わることはありません。しかし、議論が盛り上がれば盛り上がるほど商品や習慣は世の中に浸透していきますし、他企業の参入も呼び込めるため、市場全体の活性化が期待できるのです。

議論をすることで習慣に愛着が生まれる

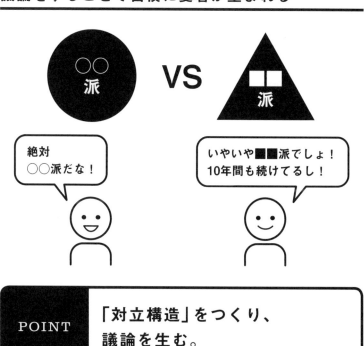

POINT　「対立構造」をつくり、議論を生む。

| Conversation 習慣を広げる | # 10 → 100 ｜ データをつくる 発見のあるデータが Conversation を生む |

　次の手法は「データをつくる」です。新しい習慣がなぜ素晴らしいのか主観的な言葉で伝えても、その言葉から受ける印象は人それぞれですし、本当に意味があるの？となかなか信じてくれない慎重な人も多くいます。だから、その習慣の効果を体験してもらったり伝えてもらったりする上で、「客観的で具体的なデータ」はとても重要です。誰もが納得するデータがあると人から人へも伝わりやすく、何より公共的な役割をもつメディアが報道してくれやすくなります。

　習慣の魅力を伝えるためのデータにおいて最も重要なことは、そのデータに「発見があるか？」ということです。例えば「運動している人と運動していない人で比較すると、運動している人のほうが健康である」というデータを提示しても、それは何度も聞いたことがある話題ですし、当たり前だと受け流されてしまいます。発見がないデータで習慣を広めようとしてもあまり効果が期待できません。一方で、こんなデータならばどうでしょう。オーストラリアのマカーリー大学音楽研究所のビル・トンプソン教授が「暴力的な歌詞と激しいメロディのデスメタルは、暴力的な感情を喚起せず、喜びと自信を喚起する」という意外性の高い調査データ[36]を発表しました。このような調査結果であれば、人に伝えたくなり、デスメタルを聴きたくなる人もいるでしょう。

　発見があることを前提に、データをつくる上で次のような2つの視点をもって試してみるといいでしょう。1つ目は、生活者に対する習慣の

効果を示すデータ。2つ目は、社会に対する習慣の効果を示すデータです。働き方改革を例にとって説明すると、1つ目のデータは例えば「テレワークを実施したら、働き方の効率が〇〇％向上した」というもので、2つ目は「20〜50代の働く男女の80％がテレワークに賛成している」というものです。<u>「生活者視点」のデータと「社会視点」のデータ、両方の視点で語ることができると、生活者からメディアまで広がっていく可能性があります。</u>

今後デジタル化が進むと、あらゆる顧客接点でデータの取得が可能になります。大量のデータであふれる時代に、さまざまな切り口で習慣の魅力を伝えるデータをつくることは非常に有効でしょう。データのとり方も調査に限りません。「SNSでこんなに話題に」「有名な研究機関と共同研究」「GPSデータを利用すると」など、さまざまな方法を検討してみるといいでしょう。

データをつくる

POINT 「生活者視点」と「社会視点」で発見のあるデータをつくる。

Conversation 習慣を広げる	# 10→100 ｜ フィールドを広げる 複数のフィールドにまたがって愛される習慣に

　次の手法は「フィールドを広げる」です。これは、1→10のステップにおいて、ある程度広がった習慣をさらに広げるために、あえて現状とは違うターゲットにアプローチするというやり方です。もちろんすでに習慣を実践している人がいるフィールドで、さらに広げる活動をする方法もあります。しかし、異なるフィールドでの広がりをみせることで習慣に対する情報が多面的になり、その相乗効果でConversationの総量を大きくすることができるのです。

　例えば、スポーツ選手に競技前に集中力を高めるエナジードリンクを飲む習慣が広がってきたとします。そこでその事実をもとに、集中力が必要なeスポーツ選手にも広めてみたらどうでしょう。スポーツ選手と画面に向き合うeスポーツ選手は、やっている行為は違いますが、おそらく集中するという意味で同様の効果を発揮できるはずです。eスポーツ選手でも習慣が広がりはじめたら、次はプログラマーに広げてみてはどうでしょうか。画面に向き合って集中して大量のコーディングをするプログラマーでもまた同様の効果が期待できます。その事実をもとに一般のビジネスパーソンにまで広げて、といった具合に1つのフィールドにこだわりすぎないほうが習慣の広がりをつくり出せる可能性があるのです。

このように同時多発的に異なるフィールドで習慣化が進むと、記事にしてくれるメディアの数も増えていきます。スポーツ選手だけの習慣であれば、一部のメディアしか取り上げないでしょう。しかし、eスポーツ選手、プログラマー、ビジネスパーソンと広がっていくとそれが社会現象になり、より影響力のある新聞や雑誌、テレビといったマスメディアも取り上げる可能性が高まります。そのニュースを見たおじいさんが将棋をする前に飲んでみようと思い買ってみる、といった想定外のターゲットにまで広がりをみせることもあるのです。

フィールドを広げる

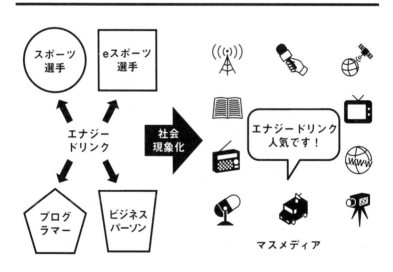

| POINT | 習慣が異なるフィールドに広がるとメディアが「記事」にしてくれる。 |

10 → 100 ｜ 表彰する

Conversation
習慣を広げる

名誉が Conversation を生む

　次の手法は「表彰する」です。1→10のステップを経て、習慣を実践する人がある程度広がったときに、その習慣に関わる人や団体を表彰する賞をつくってしまうというやり方です。もちろん、誰も知らないし、やったこともない習慣について賞をつくって表彰しても意味がありません。習慣をさらに広げる10→100のステップならではのやり方です。

　賞をつくって人や団体あるいは企業などを表彰すると、受賞者はその名誉を発信して広めたくなりますし、今までその習慣に興味がなかった人が興味をもつきっかけにもなります。さらにその習慣をすでに実践している人も、受賞理由を調べたり友人と話したりすることで、習慣に対する関与度が高まることも期待できます。

　では、どうやって賞をつくったらいいのでしょう。もちろん1企業が自ら主催して実施してもいいですが、メディアやNPOなど親和性と影響力がある第三者に主催してもらう方法もあります。表彰する対象や習慣によりますが、1企業が主催するよりも公共性が増すことで恣意性がなくなり、賞の説得力が高まるからです。同様に、評価手法も明快できちんと理由を説明できるようにしましょう。販売数、アクセス数などの数字で評価する方法もありますし、納得感のある人に審査員になってもらう方法もあります。

また、賞は必ずしもランキング形式で順位をつけることを目的にする必要はありません。例えば、朝に喫茶店でモーニングを食べる習慣を広めるために、全国の喫茶店を評価する「全日本モーニング大賞」を開催し、コーヒー部門、インテリアデザイン部門、パン部門などさまざまな評価軸を用意してみてはどうでしょうか。「コーヒーならあそこなのか、行ってみよう」「こんなにオシャレな喫茶店があったんだ」などと、<u>1つの習慣の楽しみ方をさらに広げるきっかけにする</u>ことができます。

　このように、習慣を表彰することで認知を広げられるだけでなく、今知っている人の興味も喚起することにつながり、毎年継続的に実施することができれば、習慣の定着に向けた1つの仕組みとして機能させることができます。

習慣の楽しみ方を広げる

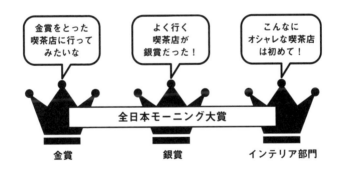

> POINT　習慣に関わる人や団体から「スター」をつくってしまう。

Conversation 習慣を広げる	# 10 → 100 ｜ 社会記号化
	習慣の追い風になる言葉がConversationを生む

　次の手法は「社会記号化してもらう」です。社会記号とは「イクメン」「草食男子」「いやし系」「リア充」のような、生まれたときには辞書に載っていないのに、社会的に広く知られるようになりメディアでも頻繁に使われ、見聞きするようになる言葉のこと。博報堂ケトルの嶋浩一郎氏と一橋大学の松井剛教授の共著『欲望する「ことば」－「社会記号」とマーケティング』[37]の中でこのように定義しています。この社会記号が、習慣を10→100に広げるのにとてもいい働きをします。「イクメン」という社会記号があれば、男性用の子育てグッズが売りやすくなりますし、「いやし系」という社会記号があれば、かわいい家庭用ロボットなどが人気になり、習慣化の追い風になります。

　このように世の中で広く使われる「社会記号」は習慣の強い追い風になってくれるのですが、上記の本でも言及されているように、1企業が狙って社会記号をつくるのはとても難しいです。多くの場合、有識者やメディア発で言葉は発見され浸透していくものだからです。ただ、社会記号がつくられるように、意識的にマーケティングすることはできます。あるテレビ局は、例えば「イクメン市場が活況」のような現象を報道するときに、最低3つの事例を集めてくるそうです。その現象を報じるに足る証拠を3つは集めないと、報道する確信に至れないのです。

　つまり、逆算して考えると新習慣の味方になりそうな事例を集めてメディアに提供してみることで、メディアに現象を社会記号化してもらう

チャンスが生まれるということです。PR会社や広告会社のPRプランナーが行う仕事の1つは、このような活動です。お風呂の中でストレッチをする習慣を広めたいならば、その効果を説明する情報はもちろん、お風呂の中で美容ケアするのが人気だとか、じつは銭湯でヨガ教室が行われていて人気だとか、そういう情報とともに提供します。そうすることで、例えば「風呂活」「汗活」などのような言葉によって、メディアが社会記号化してくれる可能性が高まります。社会記号を追い風にするために、新習慣をひとりぼっちにせずに、味方をたくさん探してくることを心掛けましょう。

社会記号と新習慣

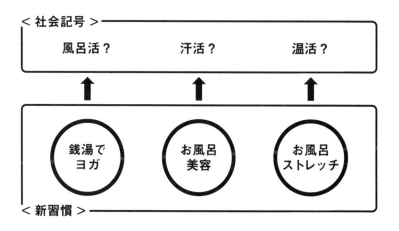

POINT　メディアや第三者に情報提供し、「社会記号」をつけてもらう。

Conversation
習慣を広げる

10 → 100 │ 他企業の賛同
多くの企業の賛同の輪が Conversation を生む

　次の手法は「他企業に賛同してもらう」です。これまで述べてきたように習慣を10→100に広げていく上では特に、<u>なるべく1企業で広めようとしている状況を変えていくこと</u>が大切です。その最もわかりやすい例が、他の企業にも習慣に賛同してもらい、一緒に広めていく仲間になってもらうというやり方です。

　他企業に参加してもらうためには、もちろんその習慣の意味や効果に賛同してもらうことは大前提ですが、1→10のステップによって<u>ある程度習慣を実践する生活者がいる事実をつくっておくこと</u>が大切です。すでに実践している生活者がいることが、他企業に賛同してもらうための説得材料になるからです。ある程度の人数を新しいビジネスターゲットにできるなら、上層部を説得できる可能性は高まりますよね。

　次に重要なのが、<u>その習慣の社会的な意義を説明できること</u>です。ビジネス的な意味だけでなく、企業の社会的責任を果たし、ブランドイメージの向上に寄与するメリットを提示できるからです。例えば、男性がメイクをする習慣を広めたいとします。男性がメイクをする習慣を、「飲みすぎた翌日にサラリーマンが疲れた顔でプレゼンしなくてよくなります」と伝えることは、広告においては効果を発揮します。一方、そのような生活者に対するメリットだけではなく、「男性がメイクすることで女性も気持ちよく働ける職場環境を実現できる」であったり、「自己肯

定感が世界と比べて低い日本人の自信を取り戻すことができる」や、ひいては「女性から男性までメイクを楽しみたい人が気兼ねなくメイクを楽しむきっかけになる」など、社会にとっての価値を提示してはいかがでしょう。ダイバーシティ社会の実現を目指す企業や、日本を元気にしたいと考えている企業が賛同してくれるのではないでしょうか。このような企業が社会に貢献する意義は「パーパス」と呼ばれ、上場企業においては、社会に貢献するパーパスを掲げる企業とそうでない企業で成長率に差が出るとも言われています。

1→10のフェーズで一定の母数の生活者が集まり、社会的意義をもとに複数の企業の賛同を得ることができたら、プロジェクト化したり共同事業化してもいいでしょう。企業の代表が集まってプロジェクトの立ち上げを発表することでメディアからも注目を集め、さらに習慣が広がっていくきっかけにすることができます。

10→100のステップにおいて、習慣の味方になってくれる、社会的に影響力のある強い味方を見つけていけるかどうかが大切になってきます。また、味方を巻き込む際には、自社の競合企業かどうかはあまり考えないほうがいいでしょう。習慣を実践し、広げてくれる生活者にとっては選択肢が多いほうがいいからです。自社だけでその習慣を独占しないように気をつけましょう。

| POINT | 「社会的意義」に、
生活者も企業も集まってくる。 |

人に見せる前に完璧にしようとしないこと。

早く頻繁に人に見せること。

途中段階は見られたものではないが、

だんだん見られるようになる。そうあるべきだ。

エド・キャットムル『ピクサー流　創造するちから』（ダイヤモンド社）より

CHAPTER

Training

実践PACワークショップ

| Training
実践PACワークショップ

ワークショップを実施する
ワークショップで新しい習慣をつくってみる

さて、ここからは実践編です。「何度も買いたい」をつくるために、商品やサービスの習慣化を考えていきましょう。ただ、そう言われても「何から手をつければいいかわからない」「ゼロから何かをつくり上げることに自信がない」という人におすすめしたいのが、ワークショップです。ワークショップと言えば、ショッピングモールや広場などで、ハンドメイドワークショップやものづくりワークショップが行われているのを見たことがある人も多いのではないでしょうか。最近では、子ども向けのワークショップも開催されているくらい、日常にも馴染みのあるものになってきました。

今回のように、ビジネスとして行うワークショップでは、参加者が主体となって手を動かしたり、ディスカッションをしたりすることで、課題解決や合意形成を目指します。そこでポイントとなるのは、<u>なるべくいろんな立場の人に参加してもらう</u>ということです。なぜなら、参加者がある分野に偏ってしまうと、いざ実現しようとした際に抜け漏れが出てきて、結局やり直しになってしまう可能性があるためです。例えば、企画部だけでワークショップを行い、習慣化コンセプトが完成したとしましょう。しかし、それを商品開発部に伝えた際に、実現が不可能だと言われてしまうおそれがあります。このような案を早い段階でふるいにかけるためにも、さまざまな立場の人が一丸となってワークショップを行うことがおすすめです。

習慣化ワークショップは、実現に向けての可能性をきちんと探ることが重要なため、3か月ほどかけて行います。1回あたり3〜4時間で、週1ペースで行うのがおすすめです。そこに向けて個人ワークをあらかじめしてくることで、ワークショップの時間をなるべくディスカッションにあてられるようにします。下記の「PACワークショップ〜3か月チャレンジ〜」に沿って進めると、効率的に3か月間で習慣の土台をつくれます。ただ、もっとディスカッションしたい部分があれば、柔軟にスケジュールを組み替えていくことも大切です。

PACワークショップ〜3か月チャレンジ〜

	週	ワークショップで行うこと	個人の宿題
Prediction	1	兆し習慣を探す①	兆し習慣シートを作成する
	2	兆し習慣を探す②	兆し習慣シートを作成する
	3	ターゲットを規定する	具体的なターゲットを考える
	4	習慣化コンセプトをつくる①	習慣化コンセプトシートを作成する
	5	習慣化コンセプトをつくる②	習慣化コンセプトシートを作成する
Addiction	6	投票で習慣化コンセプトを絞る	習慣化コンセプトシートを読み込む
	7	習慣化コンセプトを具現化する①	習慣化ループシートを作成する
	8	習慣化コンセプトを具現化する②	触媒要素を考える
	9	商品に落とし込む①	商品・パッケージの試作品をつくる
	10	商品に落とし込む②	商品・パッケージの試作品をつくる
Conversation	11	拡散方法を考える	口コミフレームを考える
	12	調査で検証する	質問内容を考える

POINT なるべくいろんな立場の人を巻き込む。

Training 実践PACワークショップ	# ワークショップの流れ 習慣化のフローを適用する

　ワークショップ自体も、習慣をつくるときの考え方と同じように、『Prediction→Addiction→Conversation』という流れで進めます。

(1) Prediction ー習慣を予測するー

　まず、最初に行うのは、兆し習慣の洗い出しです。インターネットを用いたデスクリサーチや周囲の観察から、今後広がっていきそうなものをピックアップします。このフェーズでは、いろんな兆し習慣を見て視野を広げることが大切です。そのため、本当にその兆し習慣が盛り上がってくるのかという質の部分よりも、なるべく多くの兆し習慣を集めるという量の部分を意識して取り組んでいきます。そして、その兆し習慣から着目したいものを1つもしくは複数選び、その兆し習慣を行っている（もしくは反応しそうな）層をターゲットに設定し、インサイトを深掘りします。

(2) Addiction ー習慣を設計するー

　兆し習慣とターゲットをもとに、習慣化コンセプトを考えます。考え方としては、ターゲットにとって新商品が及ぼす変化を「□□という現状から○○という理想へ」という習慣化コンセプトに落とし込みます。また、それを実現するために、商品（素材や製法）、販売場所、価格、拡散方法についても考え、試作品にその要素を加えます。そこから調査にかけて有力な案を絞っていきます。

(3) Conversation －習慣を広げる－

有力な習慣化コンセプトが絞られてきたところで、それぞれについてどのように世の中に広げていくかを考えます。商品やサービスの語られ方を想像して、どのように言われるとより魅力的に見えるかを追求していきます。そして、その内容を伝える最適な方法を模索していきます。最終的には、インタビューなどの定性調査を通じて、語られ方を含めた商品の魅力度を測定します。そこでは、実際のユーザーの率直な第一印象や生の声を大事にします。対面で行う調査だからこそ、改良につながる良い意見を引き出すために、事前に質問の仕方などを緻密に設計することも重要です。

ワークフロー

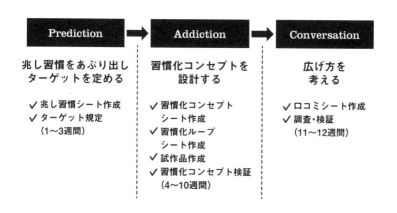

POINT

PACの流れで考え、検証まで行う。

Training 実践PACワークショップ	# ワークショップのルール 否定をせずに高め合う

ワークショップを進めていくにあたって、1つだけ守りたいルールがあります。それは、<u>相手の意見を否定しない</u>ということです。ディベートのように意見を戦わせるのではなく、ディスカッションを通じてみんなで意見をブラッシュアップしていくことが求められるワークショップだからこそ、意見が言いやすい環境づくりが大切です。

これを実感できる簡単なワークがあります。2人1組でペアをつくり、旅行の計画を立てていきます。1人は提案をし、もう1人はそれに答える形で会話を進めます。1回3分で2回行うのですが、1回目では、応対側は提案側の意見をすべて否定します。それでも、提案側は別案を提案し続けます。一方、2回目では、応対側は提案側の意見を受け入れ、すべての案に「いいね！」と言ってから、自分の意見を付け加えます。すると、どうでしょうか。1回目と2回目を比べたときに、明らかに2回目のほうが話は弾み、提案側も意見を言いやすく感じます。1回目のように否定をされると、だんだんとテンションが下がっていき、意見を言うことも億劫になっていきます。

特にワークショップの最初の習慣化コンセプトの幅を広げていくフェーズでは、<u>まずは肯定から入る</u>ことを意識して、どんどん意見を引き出していきます。そして、相手の意見に相乗りする形で、「さらにこうしたら良いかも」と思いついたことを重ねていきましょう。

ミニワーク

1回目：相手の意見をすべて否定する

 日本は寒いし、今が夏のオーストラリアはどう？

オーストラリアは、物価高いからなあ…。

 じゃあ、パリはどう？

日本人観光客が多くて海外気分味わえなさそう。

➡ 提案側はどんどん意見したくなくなる

2回目：相手の意見にすべて「いいね！」と言う

 日本は寒いし、今が夏のオーストラリアはどう？

いいね！マリンスポーツも楽しめそう！

 ずっとサーフィンやってみたかったんだ！

いいね！半日の体験講座もあるって聞いたよ！

➡ 提案側も意見を言いやすくなる

POINT	まずは、肯定から入る。

Training 実践PACワークショップ	# ワークショップの前準備 -Week 0- 雰囲気をつくる

　よりワークショップをやりやすくするためには、雰囲気づくりも重要です。そこで、事前にやっておきたい3つの準備を紹介します。

(1) 音楽を用意する

　ビジネスであるとはいえ、無音の部屋に1人ずつ入ってきて、開始まで待つとなると、会議のようにやや空気が張り詰めていると感じる人もいます。そんなときにおすすめしたいのが、BGMとして音楽を流しておくことです。ワークショップ開始前は、アップテンポな曲にしておくことで、参加者の緊張が解けるようにするといいでしょう。ワークショップがはじまってからは、音量を少し控えめにすることで、煩わしく感じさせないようにすることも大切です。

(2) お菓子を用意する

　ワークショップは、1回あたり4～5時間の長丁場になることもあるので、糖分の補給や気分転換のためにも、お菓子が用意してあるとベターです。とても些細なことではありますが、お菓子には場を和ませる効果もあります。最近では、雰囲気を和やかにして、より本音で議論しやすくするために、就職活動のグループディスカッションにおいても、テーブルにお菓子を置いておくことがあるようです。

(3) 商品やサービスを用意する

　実際に、これから開発しようとしている商品やサービスで、すでに発売されているものを集めて試してみることも重要です。考える前に既存のものを試すことで、最初に参加者全員で現状を把握することができます。また、それらはいずれライバルとなる商品やサービスなので、自分たちの習慣化コンセプトに新しさはあるのかを判断する際の比較対象にもなってくれます。食べ物や飲み物の場合は、実際に試食・試飲してみて、既存品同士の味の違いや匂いの違いなど、商品を開発する上でのポイントとなりそうなものも確かめておきましょう。

(＋α) 商品やサービスの開発現場、使用現場を見に行く

　もし時間に余裕があれば行いたいこととして、商品やサービスが開発されている工場や原産地、また実際に生活者に利用されているシーンを見に行くというものがあります。タイミングは事前でもいいですし、ディスカッションが行き詰まってきたときや、何かアイデアのヒントとなるものがほしいときでもOKです。工場や原産地では、つくり手にもインタビューして仕事の流儀や目指していることを伺うことで、その想いをくみ取った商品を考えるきっかけにもなります。また、利用シーンについては、実際に使用している人に簡単なヒアリングをすると、グッとイメージが湧きやすくなります。その他にも、インターネットやSNSを通じて、日本に限らず海外での使われ方も見てみると、新しい発見があるはずです。

POINT　①音楽 ②お菓子 ③商品を用意する。

> Training
> 実践PACワークショップ

兆し習慣を探す①
-Week 1-
3つの領域で兆し習慣を絞り出す

　兆し習慣を集めるときは、第3章にあるTIPSを参考にしながら、SNSやネット記事、さらには商品やサービスとその利用現場を実際に観察することで情報を集めていきます。そこで意識したいのは、集める情報の範囲が偏りすぎないようにすることです。

　例えば、新商品としてオレンジジュースを発売するとしましょう。その際にオレンジジュースをはじめとするジュースに関する兆し習慣ばかり集めていては、せっかくのチャンスを見落としてしまう可能性があります。ここで、小カテゴリー(ジュース)、大カテゴリー(飲料)、ライフスタイル(買物/仕事/健康etc.)という3つの視点で、それぞれの兆し習慣を集める必要があります。そうすることで、一見関係なさそうに見えた、ライフスタイルにおける「働き方改革」という兆し習慣を捉え、「仕事終わりのリフレッシュオレンジジュース」のような新しい習慣化コンセプトが生まれるのです。

3つの視点

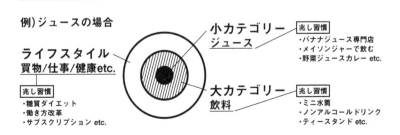

例)ジュースの場合

こうして1人あたり10個を目標に兆し習慣を集めます。そして、集めた兆し習慣は、1つずつ下記のフォーマットの兆し習慣シートに落とし込みます。兆し習慣の欄には、どのような行動かがわかりやすいように記入します。流行しつつあるという事実をそのまま書くだけではなく、その兆し習慣を行う習慣インサイト（＝心のツボ）は何なのかを考えることで、後の兆し習慣のグルーピングも行いやすくなるのです。

兆し習慣シート

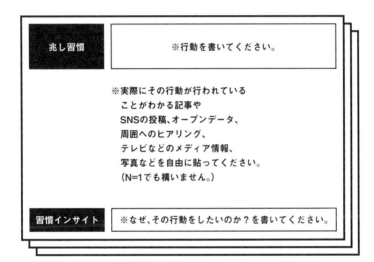

| POINT | 参加者ごとの主観的な視点で、とにかく「量」を出す。 |

Training 実践PACワークショップ	# 兆し習慣を探す② -Week 2- 習慣インサイトごとにグルーピングする

　兆し習慣シートが大量にできたら、その中で似たもの同士をまとめてグループ分けしていきます。ここでいう「似たもの」とは、ジュースや飲料といったカテゴリーではなく、その兆し習慣を行う習慣インサイトで考えます。そのため、カテゴリーを越えた兆し習慣が一緒に括られるということもあります。兆し習慣シートのままだとグルーピングしにくいので、下記の5ステップにしたがって、兆し習慣が一覧できるシート（模造紙かホワイトボード）をつくります。

≪兆し習慣グルーピングの5ステップ≫
1. 大きな模造紙（ホワイトボード）を用意します。
2. 兆し習慣シートの兆し習慣欄を付箋紙に書き写します。
　※小カテゴリーの兆し習慣：黄色の付箋紙
　　大カテゴリーの兆し習慣：水色の付箋紙
　　ライフスタイルの兆し習慣：ピンクの付箋紙
　　⇒色ですぐにカテゴリー判断ができるようにします。
3. カテゴリーを気にせず、習慣インサイトが似ているものを見つけ出します。
　数は2つ以上であれば、いくつでもOKです。
4. 2つ以上兆し習慣が集まったグループに名前をつけます。
5. 各カテゴリーの兆し習慣の付箋紙と違う色で、少し大きめの付箋紙に名前を書いて上から貼ります。

先ほどのジュースの例で言えば、小カテゴリーで「スムージーで野菜の栄養を補給する」という兆し習慣と、ライフスタイルカテゴリーで「段ボールを用いて自宅で燻製料理を楽しむ」という兆し習慣があったとしましょう。この2つは、カテゴリーは違えど、「手軽に本格的なものを楽しみたい」という共通インサイトがあると考えられます。この2つをまとめて「手軽に本格的なものを楽しみたい」と大きな付箋紙に書いて、上に貼ります。この作業をすべての兆し習慣を対象に行うことで、兆し習慣全体が一覧できるように整理します。あまり精度を求めず、習慣インサイトが似ていると感じたものを大胆にまとめていきましょう。

グルーピング例

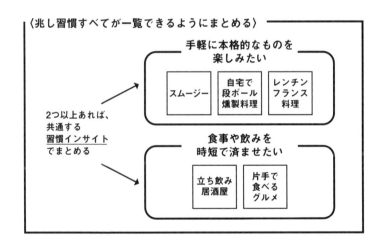

POINT　**仮説ベースで、精度を求めずに、大胆にまとめていく。**

Training 実践PACワークショップ	ターゲットを規定する -Week 3- 兆し習慣から狙い所を定める

　兆し習慣の中から特に捉えたいものを選定し、その兆し習慣に反応してくれそうなターゲットを規定していきます。<u>単純に性別や年代で決めるというよりは、どんな価値観やライフスタイルの人かを考えること</u>で、メンバー内の認識のズレが生じないようにします。例えば、同じ若年OLでも、いろんな人がいます。丸の内で派遣社員としてキレイめファッションで働き、定時以降はプライベートの時間を大事にしている人。渋谷のITワーカーとしてカジュアルな服装で働き、朝活をしてから出社して夜遅くまで働いている人。この2人では心のツボも異なるため、習慣化コンセプトも変わってきます。そのため、誰もがイメージできるようなターゲット像を描くことが大切です。そして、描いたターゲットの良し悪しを判断するためのポイントは3つあります。

(1) ポイント①　兆し習慣との親和性

　選んだ兆し習慣に反応してくれるかどうかを考えます。オレンジジュースの例で考えてみましょう。例えば、「腸活」という内側からの健康や美しさをつくる兆し習慣があったとします。その場合、美容感度の高い女性や、健康な体を保ちたいと思う中年～シニアの人には反応してもらえそうなイメージがつくのではないでしょうか。本来、オレンジジュースというと子どもを思い浮かべることが多いかもしれません。しかし、このように兆し習慣との相性という視点で見ると、従来にはない新しいターゲット候補も挙がってきます。

(2) ポイント② ターゲットのボリューム

ターゲットのイメージを具体的に描こうとすると、どうしてもニッチな領域に入っていってしまうことがあります。ニッチ層を狙うという戦略もありえますが、あまりにもボリュームが小さい場合は、コストとの兼ね合いも見て、別のターゲットを模索するほうがおすすめです。

(3) ポイント③ 会社の方針とのマッチ

会社全体の方針として、狙っていきたい層や、商品を通じてつくりたい世界観があると思います。その考え方に、自分の定めたターゲットがきちんと合っているかも大事な視点です。どんなにいい習慣化コンセプトを思いついても、提案した際に社内の承認を得られなければ、社会に送り出すことができないためです。だからこそ、この層を狙うことで会社の方針が崩れないかどうかを頭の隅に意識しておく必要があります（企業のイメージやターゲットを刷新したいという場合は除きます）。

この3つのポイントを押さえてターゲットを規定することができたら、イメージボードをつくってみることもおすすめです。雑誌から集めた画像や、インターネットのフリー素材を組み合わせて一枚のボードにすることで、視覚的にもターゲットをイメージしやすくなります。ボードにすると自分のイメージとメンバーのイメージのズレを解消できるので、共通認識を合わせることができます。

POINT	「あー、そういう人いるよね！」と共感できる人物像を描く。

習慣化コンセプトを
つくる① -Week 4-

Training
実践PACワークショップ

習慣化コンセプトシートで量産する

　選定した兆し習慣、ターゲット、習慣インサイトを材料に、習慣化コンセプトをつくっていきます。習慣化コンセプトは、「A（現状）からB（理想）へ」というフォーマットにあてはまるように考えます。ただ、突然あてはめようとしても難しいので、既存の要素を用いて順番に考えてみます。

　まず、「B（理想）」をつくるには、着目した兆し習慣と、そのターゲット、習慣インサイトを起点に考えます。そのためには、実際にそうした兆し習慣を行っている人を観察してみたり、インタビューしてみたりすることで、さらにインサイトを深掘りできます。また、そうした人が反対に行わなくなった習慣（≒衰退習慣）についても考えてみることで、より「B（理想）」を具体化しやすくなります。

　次に、その理想に対して今はどうなっているか、「A（現状）」を考えます。例えば、オレンジジュースの場合で、「B（理想）」を「大人が仕事中に飲んで気分転換できるオレンジジュース」としたとします。それに対する「A（現状）」を「子どもが飲む、大人には向かない甘いオレンジジュース」としたとします。ここで、「大人のオレンジジュース」などの商品の有無を調べてみます。大切なことは、「B（理想）」が既存の商品やサービスでは解決できないものであることです。

220

既存商品になければ、新しく商品を発売することで、新たな習慣をつくれるかもしれません。一方、既存商品にあるのに話題化していなければ、その商品に足りない要素を探ります。

　このフェーズで大事になってくるのは、<u>既存の商品やサービスをよく研究する</u>ことです。事前準備の際に他社の商品やサービスも含めていろいろ試した経験も活かしつつ、さらにインターネット調査や売り場調査を加えてもいいでしょう。比較対象は多ければ多いほど、「A（現状）」と「B（理想）」を考えやすくなります。

習慣化コンセプトシート

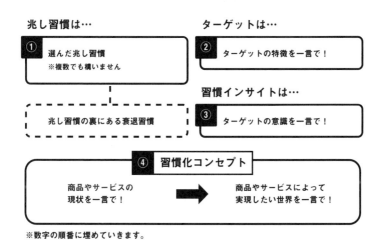

※数字の順番に埋めていきます。

POINT　**既存商品やサービスをよく研究して、その「一歩先」を狙う。**

Training 実践PACワークショップ	# 習慣化コンセプトを つくる② -Week 5- 質問し合って、習慣化コンセプトをよりよくする

　習慣化コンセプトシートをワークショップで発表する際には、ただ考えた習慣化コンセプトを共有するのではなく、メンバー全員で各習慣化コンセプトをブラッシュアップしていくことを目指します。その際に有効なのが質問です。参加者数やアイデアの量にもよりますが、大体1案あたりに5分の時間を使います。1分で発表者が内容を説明し、それに対するメンバーからの質問タイムを4分設けます。

　ただし、一般的に質問は積極的には出てこないので、右記のような質問リストを事前につくっておくとスムーズに進みます。ターゲット／シーン／商品について、なるべく多面的に捉えられるように質問を考えることをおすすめします。

　そして、実際に質問する際に意識すべきは、発表者を問い詰めるための質問ではなく、案をよりよくするための質問をすることです。例えば、右記の質問リストの項目に「どういう場所でよく使われそう？」という質問があります。この質問を投げかけて発表者が悩んでいたら、それはまだアイデアが具現化できていない部分なので、メンバーで意見を出し合いましょう。出された意見は忘れないように、コンセプトシートに直接書き込んだり、付箋紙のメモを活用したりします。また、質問ではなく、はじめから意見を言うのもOKです。例えば、「その習慣化コンセプトだったら、こういうクセになるポイントを入れたらもっとよくなると思う」という意見を言うだけでも、案はよりよくなります。

質問リスト

ターゲットについて

- [ ] 普段どんな商品を使っている人?
- [ ] どんな職業の人?
- [ ] どんな場所に住んでいる人?
- [ ] アクティブ派? インドア派?
- [ ] アナログ派? デジタル派?
- [ ] 何をモットーに生きていそうな人?
- [ ] どんな趣味をもっている人?
- [ ] どんなブランドが好きな人?

シーンについて

- [ ] どういうタイミングで商品やサービスを利用する?
- [ ] 誰かと一緒に使う? 1人で使う?
- [ ] ゆったり使う? サクッと時短で使う?
- [ ] どういう場所でよく買われそう? or 使われそう?
- [ ] 家の中で使う? 外で使う?
- [ ] オンモードで使う? オフモードで使う?
- [ ] これを使ったらどんな気分になれそう?

商品について

- [ ] (飲食物であれば)どんな味?
- [ ] クセになるポイントは?
- [ ] どんなパッケージ?
- [ ] 価格は高め? 安め?
- [ ] どんなタレントがこれを宣伝したら売れそう?
- [ ] 他のモノと組み合わせて使うとしたら、何と相性が良さそう?
- [ ] 付録をつけるとしたら何をつける?
- [ ] エコなど、社会に貢献しそうな要素を盛り込んでみると?

POINT 責めずに、改善のために質問する。

Training 実践PACワークショップ	**投票で習慣化コンセプトを絞る** -Week 6- 3つの軸で投票して習慣化コンセプトを絞り込む

　習慣化コンセプト案がたくさん集まったら、すべてについて深掘りしていくわけにはいかないので、特にポテンシャルの高い有力なものを絞り込みます。絞り込みはメンバー全員の投票で平等に行いますが、その際の評価軸は3つあります。

(1) 評価軸① 新規性

　他社商品も含めた既存商品と比較したときに、その商品が新しく見えるかどうかは大事なポイントです。前準備の段階で、試した他社商品や、他にリサーチしたもので、似ているものはないか吟味した上で、投票します。

(2) 評価軸② ニーズ

　新習慣をつくるためには、ターゲットのニーズをきちんと押さえていることが重要です。ニーズ部分は、なるべくターゲットに近い人にヒアリングします。メンバー内にそのような人がいれば、その人がどう感じるかも積極的に聞いていきましょう。

(3) 評価軸③ 自社らしさ

　習慣化コンセプトが自社の強み（独自技術、ビジョンなど）とマッチしているかを確かめます。長年その会社で働いてきた人や商品開発部門

にいる人が違和感を感じないか、というのも大切な視点です。

　この3つの軸で、投票していきます。やり方としては、まず軸ごとに色の違うシールを決めます。シールは、あまり大きすぎない丸シールなどを選びます。

≪例≫　赤：新規性　／　緑：ニーズ　／　青：自社らしさ

　そして、その軸でいいと思ったものを習慣化コンセプトシートに貼っていきます。それぞれのシールをいくつずつにするかは、ワークショップの参加人数と習慣化コンセプトの数に合わせて設定します。

（※参考：習慣化コンセプトが60案程度、参加人数が5名程度の場合、1人2シール×3軸にすると、うまく絞れます）

　投票を終えたら、なぜシールをその案に貼ったのかの理由を全員で共有します。どの軸においても1票も入らなかったものは、基本的に2軍に入れ、候補から外していきます。ただ、最初から一気に2軍に振り分けるのではなく、1票も入らなかったものでも残したい案がないかは事前に確認します。そして、票が入っていないものでも、メンバーの合意がとれれば、1軍として残しておきます。

　それでも案の数が多い場合は、シールの色を変え、決選投票を行います。その際の判断基準は、これまでの3軸もふまえた上で総合的にいいと思うものにします。そして、最終的に1軍が5〜6案になるよう、得票数でランキング化します。ボーダーラインにある案に関しては、他の案との類似性を鑑みて、なるべく異なる方向性の案を残すようにします。

| POINT | 新規性／ニーズ／自社らしさで習慣化コンセプトを評価する。 |

| Training 実践PACワークショップ | # 習慣化コンセプトを 具現化する① -Week 7- 習慣化コンセプトを習慣化ループに落とし込む |

絞った習慣化コンセプトを、習慣化ループに落とし込んでいきます。右記の習慣化ループシートの穴埋めをして、習慣化ループをつくります。まず、習慣化コンセプトを、先につくった習慣化コンセプトシートから引用し、そして、それを具現化する形で習慣化ループを描きます。

(1) きっかけ

きっかけは、2種類考えます。1つ目は、最初にその習慣を行いたいと思うきっかけです。例えば、「大人が仕事中に飲んで気分転換できるオレンジジュース」が習慣化コンセプトだったとします。ターゲットがデスクワーカーであれば、最初のきっかけは、「仕事の休憩がてらコンビニや自販機に訪れたとき」となるかもしれません。そして、2つ目は、継続的にその習慣を行うときのきっかけです。最初に試して気分転換できれば、次回からは「仕事が行き詰まったとき」に、そのジュースを飲むこともイメージできます。

(2) ルーチン

簡潔にどのように商品やサービスを使うのかを、なるべく具体的に示します。ルーチンのポイントは極力ハードルを下げることです。オレンジジュースの場合は、「ペットボトルでちびちび飲む」など、ある程度既存の習慣にならったほうがやってもらえます。

(3) 触媒　（※詳細は次節を参照）

ついやり続けたくなる中毒性のある演出を考えます。

(4) 報酬

ターゲットにどのようなメリットがあるかを簡潔に記載します。習慣の4分類にマッチして、優先度の高い報酬を設定します。オレンジジュースの場合は、「快楽」の習慣にあてはまり、報酬は「仕事中の気分転換になる」などです。

習慣化ループシート

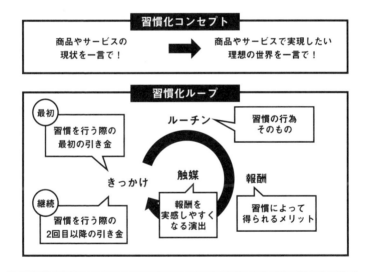

POINT　利用シーンが思い浮かぶように、なるべく具体的に記入する。

習慣化コンセプトを
具現化する ② -Week 8-

Training
実践PACワークショップ

中毒性を組み込む

　習慣化ループの中でも、触媒の設計は難しい作業です。第5章「触媒の魔力」で説明した5つの法則にあてはめて考えていくという手法もあるのですが、ここではワークショップならではの方法を紹介します。

　まず、習慣化ループの報酬に着目します。そして、その報酬から思い浮かべるものを付箋紙に書いてボードに貼っていきます。例えば、オレンジジュースの例で言えば、報酬は「気分転換できる」だとしましょう。そこで、気分転換から連想するものをどんどん書き出していきます（これはメンバー全員で行うことを想定していますが、もし個人ワークの時間があれば、各自で考えたものをベースに、メンバーで広げていくとスムーズです）。そして、メンバーで付箋紙を見ながら、その「気分転換ポイント」が何なのかを話し合ってみましょう。例えば、「森林浴」という付箋紙があった場合、なぜ森林浴が気分転換につながるのかを考えてみます。自然を感じられる、木の匂いが落ち着く……など、要素がたくさん出てくるはずです。そこから、オレンジジュースにあてはめられないか試してみます。例えば、「自然を感じられる」であれば、オレンジジュースの素材を果汁100％のものにして、ゴロゴロと果実をそのまま入れるという手もあるかもしれません。また、木の匂いが落ち着くという要素をあてはめれば、オレンジの柑橘の匂いを感じられるよう飲み口を広めにするのもいいでしょう。

触媒は必ずしも1つに絞る必要はないので、組み合わせられるものはうまく組み合わせ、なるべく「何度も使いたい」と思う強いフックをつくっていきます。付箋紙にどんどん書き込んだり、1つの付箋紙から要素をブレイクダウンして、新たな付箋紙に書いたりして、触媒の可能性を絞り出していきます。そして、前述の「触媒の5つの法則」を参考にしつつ、ディスカッションで着地点を模索していきます。

触媒の洗い出し

POINT　連想ゲームで、触媒を絞り出す。

Training 実践PACワークショップ	商品に落とし込む -Week 9〜10- 素材、商品名、パッケージなどに落とし込む

　習慣化コンセプトを、商品やサービスへと具現化していきます。実際にどの案が有力かを検証する上でも、商品の実物（サービスの場合はイメージ図やサイトなど）があるとないでは、評価も変わってきます。そのため、なるべく実際にお店に陳列される商品のように、きちんとパッケージ化されたものを目指します。ここでは、大きく2つのステップで作業します。

(1) ステップ①　残しておくべきもの／変えるべきものを仕分ける

　従来の商品から、残しておくべきものと変えるべきものは何かを仕分けていきます。すべてを変えて新しくしすぎてしまうと、生活者は戸惑ってしまい新習慣として定着しにくくなるので、残しておくべきものも設計することがポイントです。

　例えば、「子どもが飲む、大人には向かない甘いオレンジジュース」→「大人が仕事中に飲んで気分転換できるオレンジジュース」という習慣化コンセプトがあるとします。それをホワイトボードの上段に書いた上で、各要素を付箋紙に書き出していきます。具体的には、残しておくべきものとして、気分転換につながる「オレンジの柑橘感」があるとします。さらに、オレンジの色味や容器を開けたときの匂いが挙げられます。

　一方で、変えるべきものとして、「子どもっぽさ」があります。それもさらに分解し、パッケージのフォントの可愛さなど、要素レベルで付箋紙に書き出します。

(2) ステップ②　要素を素材・商品名・パッケージにあてはまる

残しておくべきものと変えるべきもので出した要素を実際にどこに活かせるかを考えていきます。例えば、「子どもっぽさ」を醸し出すフォントであれば、パッケージ枠に振り分けます。同様に、「オレンジの柑橘感」の部分であれば、素材を果汁100%にこだわったり、商品名に「○○産オレンジ使用」という枕詞を入れたり、パッケージをみかんの木モチーフにする、といったことも検討できます。それらを組み合わせながらも、実際に試作品をつくり、目で見て、触って、舌で試してみることが大切です。

要素の仕分け

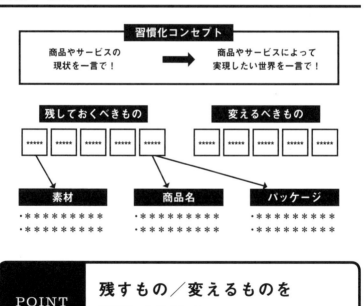

POINT　残すもの／変えるものを要素で分ける。

> Training
> 実践PACワークショップ
>
> # 拡散方法を考える
> -Week 11-
> 世の中に広まっていくイメージをつくる

　実際に世の中に広げていくイメージをつくるために、2つのワークを行います。

〈ワーク①〉　口コミフレームを活用するワーク
　下図のように、自分が友人に商品をすすめるときにどのようなフレーズを用いるかを考えます。こちらは、リアルバージョンとSNSバージョンがあるので、好きなほうを使いましょう。そして、実際にメンバー同士で書いたフレーズを実演してみます。すすめられた側は、使ってみたくなるかを「使ってみたい・やや使ってみたい・あまり使いたくない・使いたくない」の4段階で評価し、どのフレーズが最も「使ってみたい」を獲得できたかで、拡散内容を決定していきます。

口コミフレーム

リアルバージョン　　　　　SNSバージョン

〈ワーク②〉 マスフレームを活用するワーク

　その商品やサービスがリリースされ、1年後に話題になったとします。そのときに新聞にどのように取り上げられるかを想定して新聞記事をつくるワークです。要素としては大きな見出し・説明文・挿絵で、どのようなものが入るかを考えます。ファッションアイテムのように、新聞よりも雑誌のほうが取り上げられる可能性が高い商品ならば、既存の雑誌から写真やイメージを切り抜いて、それをコラージュしながら雑誌の特集ページのような見開きの記事をつくるのもおすすめです。このフレームは、マスで普及することを想定したものになるので、習慣化コンセプトを「体現できている・やや体現できている・あまり体現できていない・体現できていない」の4段階で評価します。そして、最も「体現できている」ものがどれかをディスカッションし、マスでどのような発信をされたいかのイメージを共有します。

　〈ワーク①〉〈ワーク②〉によって、理想の発信内容をつくったら、そこからさかのぼる形で拡散方法を決めます。例えば、「大人が仕事中に飲んで気分転換できるオレンジジュース」の口コミフレームのセリフが「これまでコーヒーを飲んでいたけれど、こっちのほうがほどよい酸味でさっぱりできるからおすすめ！」という内容ならば、あえてコーヒー売り場に並べてもらうという方法もあります。このように、内容から逆算して拡散方法を決定していきます。

POINT

拡散シナリオは「セリフ」や「投稿内容」でシミュレーションする。

Training 実践PACワークショップ	# 調査で検証する -Week 12- **工夫して調査を行う**

　ワークショップを自社内で完結させず、生活者の反応を確かめることも大切です。そこで、重要になってくるのが調査です。習慣化に着目した調査は、「単発的に意見を聞く」よりも「時系列で行動を観察する」というスタンスが大事です。習慣は無意識的な行為なので、「なぜやったか?」は答えづらいけれど「何をやったか?」は答えやすいからです。

(1) 時系列を意識した「定量調査・定性調査」

　定量調査とは、どの案が最も大衆受けするかなど、量的な検証をする際に用いるインターネットや紙アンケートでの調査です。一方、定性調査は、N＝1（1人ひとり）にフォーカスしてじっくり話を聞きたい、質的な検証をしたいときに、個人もしくはグループにインタビューする形で行う調査です。いずれも「時系列で行動を観察する」スタンスでの聴取を心掛けます。習慣化コンセプトを検証する際には、好き嫌いや購入意向だけでなく、「習慣化ループ」を明らかにすべく、きっかけは何か、どんなシーンでやりたいか、どんな気分になるか、習慣を終えた後に何をするかなど、習慣の前後も含めて聞きましょう。

　また、兆し習慣や衰退習慣をあぶり出したいときには、1か月、3か月、6か月などの単位で、定期的に同じ形式（ターゲットや質問項目）で調査を行い、時系列の変化を観察し続けるのもいいでしょう。

(2) 一定期間行う「ホームユーステスト・日記調査」

習慣化コンセプトをもとに出来上がった試作品が、狙い通りに使われるのか、どんなシチュエーションで使われるのか、を明らかにしたい。そんなときには、実際に一定期間、商品やサービスを利用してもらうホームユーステストや日記調査を行います。まだ試作品が完成していない場合は、似た特徴をもつ競合商品でも構いません。調査対象者にそれらを配布し、2週間～1か月間程度使用し続けてもらいます。そして、「どんなときに（きっかけ）」「どのように（ルーチン）」その商品を使った結果、「どんなメリットや効果が得られたか（報酬）」を記録してもらいます。

触媒はそのまま聞いても答えにくいので、どんな瞬間にそれを使うメリットを感じたか、クセになるポイントはどこか、というような少しずらした質問で探っていきます。

ただ、ここで大事にしたいのは、最初の1週間と最後の1週間の使い方の違いです。最初の1週間は、意識して使おうとする人がほとんどなので、日常生活ではしないような方法で無理やり商品やサービスを使った記録も出てくるでしょう。一方、最後の1週間は、商品やサービスの特徴や使い方もわかってきて、無意識に使うようになってきているので、「習慣」に近い使い方がされていると予想できます。このように、最初と最後の1週間を比較してみると、習慣化してもらうためのスイッチとなるような新たな発見があるでしょう。

POINT

「時系列で行動を観察」する
スタンスで検証を行う。

PAC フレーム

① Prediction
ー習慣を予測するー

↗ 兆し習慣

今後広がっていきそうな
兆し習慣を挙げてください。

※複数でも構いません。

↘ 衰退習慣
上記の兆し習慣の
裏にある衰退習慣を
挙げてください。

👤 ターゲット

兆し習慣を行う
ターゲット像を
簡単に一言で書いてください。

♥ 習慣インサイト

ターゲットが兆し習慣を行う
本質的な理由は何ですか?

② Addiction
ー習慣を設計するー

💬 習慣化コンセプト

商品やサービスの現状

商品やサービスによって
実現したい理想の世界

✏ 習慣化ループ

新規 習慣を行う際の
最初の引き金

きっかけ

継続 習慣を行う際の
2回目以降の引き金

🔨 習慣化4Pアクション

Product
商品自体を
どう変えるか?

Price
価格を
どう変えるか?

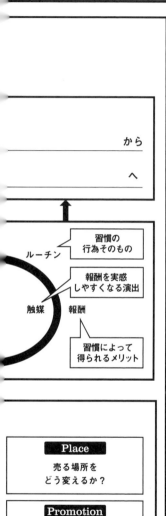

から

へ

習慣の行為そのもの

ルーチン

報酬を実感しやすくなる演出

触媒　報酬

習慣によって得られるメリット

Place
売る場所を
どう変えるか？

Promotion
広告活動を
どう変えるか？

③Conversation
－習慣を広げる－

 1→10（局所を攻める）

下記のものを参考に、
はじめに広げていく
手立てを書いてください。

<TIPS>
- 体験をリッチにする
- 味方を見つける
- 局地的ブームをつくる
- 売り場を変えてみる
- 習慣に名前をつける
- 生活者を巻き込む
- ロゴマークをつくる

 10→100（マスを攻める）

下記のものを参考に、
世の中全体に広げていく
手立てを書いてください。

<TIPS>
- 議論を生む
- データをつくる
- フィールドを広げる
- 表彰する
- 社会記号化
- 他企業の賛同

Appendix 巻末資料	# ヒット習慣メーカーズとは？ 新しい習慣をつくるための、具体的な2つの活動

　持続的なマーケティングが求められる時代の中で、何度も買いたくなる「仕組み」づくりをしたいという想いをもった博報堂の有志が集まり、「ヒット習慣メーカーズ」を立ち上げました。戦略から制作まで、リアルイベントからシステム開発まで、多様な専門性をもったメンバーが揃った組織横断型のチームです。

　私たちは、習慣として定着している商品やサービスを分析することでヒット習慣を生み出すメカニズムを研究しつつ、それを武器に、企業とプロジェクトを組み、具体的な商品やサービスの開発、それを広げるコミュニケーションの実施までを、ワンチームで行っています。

≪活動① ヒット習慣予報≫

　ヒット習慣予報とは、感度の高いユーザーのソーシャルアカウントや購買データの分析、情報鮮度が高い複数のメディアの人気記事を分析し、これから来そうなヒット習慣を予測するものです。すでに有名になっているものではなく「今後流行りそうなもの」を、一時的な流行に終わりそうなものではなく「習慣になっていきそうなもの」を発信しています。日用品や外食、美容や旅行、最新テクノロジーに至るまでさまざまなテーマを取り上げており、博報堂のWebマガジンを通じて、コラムを連載しています。

（https://www.hakuhodo.co.jp/magazine/series/hit-shukan/）

≪活動② ヒット習慣プラニング≫

　ヒット習慣プラニングとは、クライアント企業と一緒に、習慣として定着していくような商品やサービス、それを広げるコミュニケーションをつくる活動です。

　本書で紹介した通り、私たちは、ヒット習慣を生み出す3つのステップ「PACフレーム (Prediction/Addiction/Conversation)」を開発し、これを具体化するためのワークショップも活用することで、企業の事業部、宣伝部、研究開発部など、さまざまな部署と一緒に新しい習慣を生み出しています。

　現状に行き詰まっていたり、新しい手法を試してみたい人は、ぜひ私たちの方法を参考にしてみてください。壁を突破するヒントになれば幸いです。

ヒット習慣メーカーズ

| POINT | 一緒に新しい習慣をつくりましょう！ |

おわりに

　仕事を通じて、社会の幸福度を高めていきたい。
　いつしか、そう思うようになっていました。

　カリフォルニア大学のソニア・リュボミアスキー教授は、裕福
か貧乏か、健康か病気がちかなどの「生活環境」よりも、家族と過
ごす時間や身体を動かすことなどの「日々の習慣」のほうが幸福度
に大きな影響を与えているという研究成果を発表しています[40]。
　つまり、習慣を変えることで、幸福度を高められることが立証
されているのです。それが、私たちが「習慣化」というものにこだ
わる、もう1つの理由です。

　本書は、私たちが現場で働く知見をもとにまとめたものです。
　ただ、それ自体は、みなさんの業務で使えるところだけ自由に
使ってもらえればいいと思っています。大事なのは、それによっ
て、社会がもっと豊かになって、働きがいや生きがいが少しでも
高まること。そのお役に立てるなら、望外の喜びです。

　最後になりましたが、本書をまとめるにあたり、お世話になっ
たみなさまに心よりお礼を申し上げます。小難しい話をいつも面
白がって聞いてくれ、出版にこぎつけるまで持ち前の明るさで
ずっと勇気づけてくれた出版プロデューサーの潮凪洋介さん、理
論を補強するために相談に乗ってくれた博報堂の北風勝さん、渋
谷道紀さん、八幡功一さん、藤井久さん、松井美樹さん、岩崎拓さ
ん、青木雅人さん、内山竜二さん、二見均さん、嶋浩一郎さん、加
藤昌治さん、茂呂譲治さん、米岡励さん、井上健さん、加藤晋吾さ

ん、栗田昌平さん、金ジョンヒョンさん、「習慣化」という考え方を共に磨き上げてくれたクライアントの皆様、時間がない中素晴らしいデザインをしてくれたタルボット才門さん、忙しい業務や子育ての合間を縫って休日返上で原稿を書き上げてくれたヒット習慣メーカーズのメンバーたち（荒井友久、鈴木康司、濱谷健史、楠田勇輝、村山駿、馬場郁実、植月ひかる）、丹念に原稿チェックを手伝ってくれた妻の真理子。みなさんがいなければこの本は生まれませんでした。本当にありがとうございました。

「本を工芸品にしたい」

本書の制作作業は、その一言からはじまりました。穏やかですが、本をつくるのに秘めた情熱をもつ編集者の宮永将之さんの言葉です。一時のブームで消費される本ではなく、ずっと読まれ続けるような丹精込めた本をつくりたいというピュアな想いに、私は強く共感して、この人と本をつくりたいと感じたのを思い出します。

そして最後に、多くの本の中からこの一冊を選んでくれたあなたに、心から感謝します。本書に書かれていることをすぐにマスターするのは容易なことではないと思いますが、デスクのわきに置いて、困ったときや行き詰まったときにページをめくってもらえたら嬉しいです。

あなたが手掛ける商品やサービスを通じて、新しい習慣が生まれ、社会がもっと幸せになっていくことを、心から願っています。

株式会社博報堂
ヒット習慣メーカーズ
リーダー 中川 悠

引用・参考文献

●はじめに
1) マネジメント［エッセンシャル版］、ピーター・F・ドラッカー、ダイヤモンド社、2001年

●第1章 － CHAPTER 1
2) 日経ビジネス　2001年1月1日号　ビルゲイツが語る「私の会社論」
3) MEASURING THE ECONOMIC IMPACT OF SHORT-TERMISM、マッキンゼー・アンド・カンパニー、2017年
4) 世界人口推計2019年版、国連経済社会局人口部、2019年
5) 人口減少に対する企業の意識調査、帝国データバンク、2017年
6) The Human Mortality Database、カリフォルニア大学バークレー校、ドイツ学術機関マックス・プランク人口研究所、2017年
7) アフターデジタル、藤井保文・尾原和啓、日経BP社、2019年
8) 平成29年度版 情報通信白書、総務省、2017年
9) なぜ、「それ」が買われるのか？、博報堂買物研究所、朝日新聞出版、2018年
10) The consumer decision journey、マッキンゼー・アンド・カンパニー、2009年
11) 2005年度版 中小企業白書、中小企業庁、2005年
12) ハーバード・ビジネス・レビュー　2018年3月号　顧客の「選択」を「習慣」に変える、アランG.ラフリー／ロジャーL.マーティン
13) コトラーのマーケティング4.0、フィリップ・コトラー、朝日新聞出版、2017年

●第2章－ CHAPTER 2
14) 「続ける」習慣、古川武士、日本実業出版社、2010年
15) Habits in Everyday Life: Thought, Emotion, and Action、Wendy Wood and Jeffrey M. Quinn Texas A&M University,Deborah A. Kashy Michigan State University、2002年
16) Hooked ハマるしかけ、ニール・イヤール／ライアン・フーバー共著／Hooked 翻訳チーム訳、翔泳社、2014年
17) ヒット習慣予報、https://www.hakuhodo.co.jp/magazine/series/hit-shukan/

●第3章－ CHAPTER 3
18) 何かあったら（ピーナッツ・エッセンス（10））、チャールズ・M・シュルツ著／谷川 俊太郎訳、講談社、1996年
19) ニュースサイトしらべぇ、https://sirabee.com/2018/01/11/20161454052/
20) 平成30年度 食育白書、農林水産省、2019年

●第4章－ CHAPTER 4
21) 習慣の力、チャールズ・デュヒッグ著／渡会圭子訳、講談社、2013年
22) 小さな習慣、スティーヴン・ガイズ著／田口未和訳、ダイヤモンド社、2017年
23) ジョブ理論－イノベーションを予測可能にする消費のメカニズム、クレイトン・M・クリステンセン／タディ・ホール／カレン・ディロン／デイビッド・S・ダンカン共著／依田光江訳、ハーパーコリンズ・ジャパン、2017年

●第5章ー CHAPTER 5

24) 無意識に買わせる心理戦略、サイモン・スキャメル＝カッツ著／黒輪篤嗣訳、イースト・プレス、2014年

25) 買い物する脳、マーティン・リンストローム著／千葉敏生訳、早川書房、2008年

26) ブランドと脳のパズル、エリック・デュ・プレシス著／澤口俊之監訳／東方雅美訳、中央経済社、2016年

27) 「ぼくたちは習慣で、できている。」、佐々木典士、ワニブックス、2018年

28) ♯HOOKED 消費者心理学者が解き明かす「つい、買ってしまった。」の裏にあるマーケティングの技術、パトリック・ファーガン著／上原裕美子訳、TAC出版、2017年

29) はらわたが煮えくりかえる：情動の身体知覚説、ジェシー・プリンツ著／源河亨訳、勁草書房、2016年

30) 「習慣で買う」のつくり方、ニール・マーティン著／花塚恵訳、海と月社、2011年

31) シズルのデザイン：食品パッケージにみるおいしさの言葉とヴィジュアル、B・M・FT ことばラボ著、誠文堂新光社、2017年

32) 記憶の仕組みーやさしい脳科学と心理学、キオテック創造学習センター、http://kiotech.net/kioku/science4.html

33) ごめんなさい、もしあなたがちょっとでも行き詰まりを感じているなら、不便をとり入れてみてはどうですか？〜不便益という発想、川上浩司著、インプレス、2017年

34) 世界のエリートはなぜ『美意識』を鍛えるのか？、山口周、光文社、2017年

●第6章ー CHAPTER 6

35) メディア環境研究所、https://mekanken.com/mediasurveys/

36) BBC NEWS JAPAN、https://www.bbc.com/japanese/features-and-analysis-47579604

37) 欲望する「ことば」―「社会記号」とマーケティング、嶋浩一郎・松井剛共著、光文社、2017年

●第7章ー CHAPTER 7

38) ピクサー流、創造するちから――小さな可能性から、大きな価値を生み出す方法、エイミー・ワラス エド・キャットムル著／石原薫訳、ダイヤモンド社、2014年

39) SPRINT 最速仕事術ーあらゆる仕事がうまくいく最も合理的な方法、ジェイク・ナップ／ジョン・ゼラツキー／ブレイデン・コウィッツ共著／櫻井祐子訳、ダイヤモンド社、2017年

●おわりに

40) 幸せがずっと続く12の行動習慣、ソニア・リュボミアスキー著／渡辺誠監修／金井真弓訳、日本実業出版社、2012年

索引

【英数字】

1：5の法則 …………………… 28
1→10、10→100 ………… 174
Addiction ……………… 69, 110
Conversation ………… 69, 172
Fファクター ………………… 173
Google Trends ……………… 91
LTV（＝Life Time Value）…… 22
N=1（1人ひとり）…………… 100
PAC（パック）フレーム ……… 68
Prediction ……………… 68, 74, 76
PULL型 ……………………… 52
PUSH型 ……………………… 52
SNS …………………………… 102
The Tooth Brush Test
（歯ブラシテスト）…………… 35
UXデザイン ………………… 63

【あ行】

アート ………………………… 168
アナログ化型 ………… 154, 166
アフォーダンスデザイン ……… 65
アフターデジタル …………… 24
インフルエンサー …………… 180
売り場 ………………………… 184
オンラインサロン …………… 188

【か行】

海外起点 ……………………… 84
買い物ストレス ……………… 27
カスタマーサクセス ………… 59

間接流通 ……………………… 54
兆し習慣 ……………………… 78
きっかけ ……………………… 118
口コミフレーム ……………… 232
クラウドファンディング …… 188
グルーピング ………… 104, 216
クロスモーダル ……………… 152
現場（店頭）観察 …………… 102
五感 …………………………… 150
コンフォート型 ……… 154, 160

【さ行】

サブスクリプション ………… 30
シズル ………………………… 148
持続的なマーケティング ……… 18
質問リスト …………………… 223
社会記号化 …………………… 200
習慣インサイト ……………… 98
習慣化 ………………………… 5, 42
習慣化4Pアクション … 111, 132
習慣化コンセプト ……… 112, 114
習慣化コンセプトシート …… 221
習慣化ループ ………………… 116
習慣化ループシート ………… 226
習慣トレンド ………………… 78
小カテゴリー ………………… 93
触媒 …………………………… 128
ジョブ理論 …………………… 130
人口減少 ……………………… 20
人生100年時代 ……………… 22
衰退習慣 ……………………… 79

生活者起点 …………… 86	評価軸 …………… 224
成熟社会 …………… 3	ブーム …………… 80
成長社会 …………… 3	フレームワーク …………… 67
セレモニー型 …………… 154, 162	文化 …………… 39
潜在意識 …………… 138	ペインポイント …………… 61
	報酬 …………… 124, 126

【た行】

ターゲット …………… 106
大カテゴリー …………… 93
大脳新皮質 …………… 140
大脳辺縁系 …………… 140
ダム型 …………… 154, 164
単発的なマーケティング …………… 18
定着習慣 …………… 78
テクノロジー起点 …………… 86
デコン …………… 134
デジタル化 …………… 24
動物脳 …………… 140
トライブ …………… 176
トレンド …………… 80

【ま行】

マーケティング …………… 2
マーケティング4.0 …………… 36
マズローの欲求5段階説 …………… 36
ミニワーク …………… 211
ミント型 …………… 154, 158

【や行】

要素の仕分け …………… 231

【な行】

人間脳 …………… 140

【ら行】

ライフスタイル …………… 93
ルーチン …………… 122
連想ゲーム …………… 229
ロイヤリティループ …………… 28
ロゴマーク …………… 190
ロングセラー商品 …………… 49

【は行】

パーパス …………… 203
ハビット・ゾーン …………… 50
ビジネスモデル起点 …………… 85
ビッグデータ …………… 103
ヒット習慣メーカーズ …… 4, 238
1人あたりの支出 …………… 21

【わ行】

ワークショップ …………… 206
ワークフロー …………… 209

【編著者】

中川 悠 (なかがわ ゆう)

株式会社博報堂　統合プラニング局／ヒット習慣メーカーズ　リーダー
大学卒業後、電機メーカーにエンジニアとして入社。携帯電話の設計に
携わる。その後広告会社を経て、2008年に博報堂入社。ストラテジック
プラニング職として、商品開発、ブランド戦略、コミュニケーション立
案に携わる。2015年に統合プラニング局のチームリーダーに就任。ク
リエイティブ・ストラテジストとして、戦略から戦術まで一貫したディ
レクションを行う。2017年にヒット習慣メーカーズを立ち上げ、顧客
の習慣化による事業成長の仕組みづくりを実践している。

【著者】

荒井 友久 (あらい ともひさ)

株式会社博報堂　マーケティングシステムコンサルティング局／ヒット
習慣メーカーズ
SIer、メディア企業、経営コンサルティングファームを経て、2012年に
博報堂に入社。さまざまな企業のサービス・セールス・マーケティング
領域のデジタルトランスフォーメーションの支援を行っている。

鈴木 康司 (すずき こうじ)

株式会社博報堂　統合プラニング局／ヒット習慣メーカーズ
2007年博報堂入社。クリエイティブ・ストラテジストとして戦略から
戦術までを一貫してディレクション。海外在住経験を活かし、グローバ
ルブランドや企業の海外展開および日本参入プロジェクトに多数参加。

濱谷 健史 (はまたに けんじ)

株式会社博報堂　第三プラニング局／ヒット習慣メーカーズ
京都生まれ大阪育ち。シンクタンクを経て、2014年博報堂入社。生活者
インサイトに基づくコンセプト／コアアイデアづくりから、データ／デ
ジタル活用のIMC立案まで、幅広いアイデア開発業務に従事。

楠田 勇輝（くすだ ゆうき）

株式会社博報堂　関西支社MDビジネス推進局／ヒット習慣メーカーズ
2011年博報堂入社。コミュニケーション領域に限らず、新規事業立ち上げ、ビッグデータを活用したデータドリブン業務、上海博報堂での実務など、事業視点でのプラニングに取り組む統合マーケッターとして従事。

村山 駿（むらやま しゅん）

株式会社博報堂　統合プラニング局／ヒット習慣メーカーズ
2012年博報堂入社。PR発想を軸としたブランドの中長期的なシナリオ立案から商品の短期的なキャンペーン企画までPRディレクターとして幅広い領域に従事。

馬場 郁実（ばば いくみ）

株式会社博報堂　マーケティングシステムコンサルティング局／ヒット習慣メーカーズ
2016年に博報堂入社以降、データ／デジタル領域を軸足に、クライアントのマーケティングの高度化を支援。マーケティング戦略立案からマーケティングシステム導入・運用、UX/UI領域に至るまで幅広い業務に従事。

植月 ひかる（うえつき ひかる）

株式会社博報堂　統合プラニング局／ヒット習慣メーカーズ
大学卒業後、2017年に博報堂入社。ストラテジックプラニング職として、飲食品・人材・アパレル等の多領域で、商品・サービス・コミュニケーション設計に携わる。2018年にヒット習慣メーカーズ参画。

●注意
(1) 本書は著者が独自に調査した結果を出版したものです。
(2) 本書は内容について万全を期して作成いたしましたが、万一、ご不審な点や誤り、記載漏れなどお気付きの点がありましたら、出版元まで書面にてご連絡ください。
(3) 本書の内容に関して運用した結果の影響については、上記(2)項にかかわらず責任を負いかねます。あらかじめご了承ください。
(4) 本書の全部または一部について、出版元から文書による承諾を得ずに複製することは禁じられています。
(5) 商標
本書に記載されている会社名、商品名などは一般に各社の商標または登録商標です。

カイタイ新書
何度も「買いたい」仕組みのつくり方

発行日	2020年 4月27日	第1版第1刷
	2020年 7月 7日	第1版第2刷

著　者　博報堂　ヒット習慣メーカーズ
編著者　中川　悠

発行者　斉藤　和邦
発行所　株式会社　秀和システム
〒135-0016
東京都江東区東陽2-4-2　新宮ビル2F
Tel 03-6264-3105（販売）Fax 03-6264-3094
印刷所　三松堂印刷株式会社　　　　Printed in Japan

ISBN978-4-7980-6108-5 C2033

定価はカバーに表示してあります。
乱丁本・落丁本はお取りかえいたします。
本書に関するご質問については、ご質問の内容と住所、氏名、電話番号を明記のうえ、当社編集部宛FAXまたは書面にてお送りください。お電話によるご質問は受け付けておりませんのであらかじめご了承ください。